# 從下筆開始

## 40則突破作文難題新方法

張馨潔——著

# 目錄

## 輯二　這樣下筆，寫作新方法陪你擊破難題

## 輯三　這樣修改，用巧勁讓作品更進階

## 輯四 這樣體會，用善感的心照亮寫作的路徑

推薦序

# Pro級自拍術

林佳樺

高階自拍講究主題與布景的構圖比例、角度、光線，倘若畫面只呈現一張位居正中的大餅臉，著實讓人搖頭拍出此等死亡角度的攝影者是否手殘？

散文的呈現類似自拍，使用何種機型不重要，畫面好看才是王道。自拍時眼神不必非得直視鏡頭，人物以剪影現身者有之，目光望向遠方者有之，也可利用自拍棒延長鏡頭與自身的距離，以便容納更多的背景。

一般而言，散文中的敘述者「我」是貼近作者的現實，「我」思「我」感在畫面中要顯露多少，「我」與布景的構圖如何拿捏適當比例，「我」要直視鏡頭或者只想露出側臉，五官表情、肢體動作如何自然不僵硬……

任何一個細節沒有顧慮周全，都會影響作品美感。

馨潔此書《從下筆開始》分四輯四十節，是本一步步教導散文如何自拍的上相神技。

曾遇過怎麼擺拍、但感覺就是不對的情況嗎？會不會猶豫著首段想以遠景起頭、或者聚焦在主角與他者的互動？是否碰過一再改寫、肢體與背景的角度方位變化多次，以為文章就要夭折的撞牆期嗎？馨潔傳授的內家功法是——找出自我與事物的關聯。她提起曾書寫「籠子」主題，我們以為是牢籠的空間，馨潔卻聯想到養貓籠，一座安樂的浮島，是她與寵物雙向依靠之地。

此書也提到有位學生以練舞為題，抒發扭腰擺身時動作節拍經常出錯，苦於拉筋律動的疲累與恐懼被老師處罰。馨潔讀畢，不滿意文章沒有挖到生命內核，自拍照裡的人與物模糊不清，書寫者想表達的主題不明，和跳舞之間是否有更深刻的連結？經由雙方多次討論，學生一次次往內心剖析「自己」與「舞蹈」的愛怨糾葛，最後恍然咬牙練舞不只擔心被老師處罰，也想知道身體的極限。

散文是作者的身分證，展現生命歷程與體驗，性格決定了作品風格，是極透明的文類，如何將自己曝露地「剛剛好」？寫作者不能什麼波紋也不起，但似乎也不宜將親友的傷疤挖太深，況且有時太裸露反倒失去了美感，適度的藏便是適度的顯。

散文這門自拍術是一面鏡子，照映自我。知名文化藝術評論家約翰・伯格（John Berger）《觀看的方式》中提及：「我們注視的從來不只是事物本身，我們注視的永遠是事物與我們之間的關係。」我們觀看事物的方式是在觀看自己，展現自我的審美、認知與情感。馨潔在書中放了篇〈檸檬塔皮之役〉，先書寫對手搖飲的癡迷，茶、珍珠與糖漿的視覺、味道，進而體會在升學壓力下、唯有茶飲才是紓壓特調。如此作者與物的組合便是有機地雙向奔赴。

讀完此書，你會讚嘆擅長寫作的馨潔也擅長讀心，她不只讀到學生內在的話，也讀到未出口的心，甚至心跳聲、流過的血管，她都能感知。

散文是與讀者搏感情，將真心示人，此書四十節是四十招心法，先用順光、側光等變化抓出主題的全身輪廓，接著進階地談如何將主題集中及延伸擴散，類似重訓時核心肌群由淺層進階到深層，抽絲剝繭地漸進深度。最後輯四「用善感的心照亮寫作路徑」是自拍時的補光神器。好喜歡書末叮嚀：將生活中的大小事互調，遭遇的小事有時反而極其重要。我也經常提醒寫作要有雙不同的眼睛，常人以為拍照時打燈才能美顏，殊不知某些時刻，背著光反倒是唯美的瞬間。

今年十一月與馨潔在某場合深談，當下便明白眼前這位水靈靈的女孩為何懂寫也懂教，我讀過她的《你是盛放煙火，而我是星空》，書寫與他者的交會與錯過，她曾在人我之海中歷經一段時日的浮沉、浸泡，終至今天的熟成，催生了一顆通透心，讓她的教學及筆下的文字如針灸，扎在愛與痛的穴位。

・本文作者任教於台北市立萬芳高中，曾獲林榮三文學獎、旺旺時報文學獎、教育部文藝創作獎等。作品散見《幼獅文藝》、《聯合報》、《自由時報》副刊、《中國時報》等。著有《當時小明月》、《守宮在唱歌》等。

推薦序

# 文學與作文的潮間帶

蔡淇華

台灣的作文教育，最讓人詬病的，就是只能應付升學考試，無法形塑終身的美學素養；甚至僵化的制式練習，會形成阻礙文學創作的天塹。今日欣見林榮三文學獎得主，也是資深的寫作教師張馨潔，寫下第一本寫作書，幫助莘莘學子輕易跨過這道天塹。

文以意為先，學會思考，永遠是寫作前，必須先建立的橋頭堡。所以這本書就以「這樣思考，用文字提取思想精華」為輯一。輯中的〈擁有讓作品倏然發亮的神奇感〉，真的讓人眼睛發亮。馨潔老師提問，如果要寫一篇命題作文「我的作品」，你會挑身邊的那些名物呢？心潔老師建議，為什麼我們不能挑選自己的垃圾袋呢？她在範文中如此書寫：

當病與死被密封在白色巨塔中，當經血與穢物都被捲入沖水馬桶，生活文明的表象下，此袋是條祕密的尾骨，是曾也如猴類懸掛尾巴的人類極力否認的，演化的遺跡。最具原始夢境與齊一的色彩，三千年前、四千年前在冰河期找到火源的原始人，街上、收容所張望者的動物們都有的個人屬物、骨骸、皮屑、糞便、果核，那是不打上柔焦的行走坐臥，千年如一。

FBI常常蒐羅嫌犯的垃圾袋，來找到關鍵的線索。我們也可以當自己生命的偵探，從垃圾袋的微物中，體現自己所食、所思、所愛、以及所病。這種轉換尋常視角的文字，不僅是升學作文的亮點，也能幫助文學創作者，站在制高點。

好文章永遠是從尋常找非常，才能在平凡中見不凡。寫作破題，應該是先學會找到切入的角度，角度決定高度。其實這個高度，就是俄國的「陌生化」美學；而將垃圾與作品結合，就是阿恩海姆的「異質同構」。但是，教學者若缺乏文學的底蘊，很難取法於上，得乎其中。所以這些寫作的基本功，總是停留在學院的專有名詞中。

幸好內力深厚的馨潔老師，使用巧譬善喻，讓撲朔難解的寫作技法，都能日照見影，立地皆真。例如，最好的寫作材料，是「最大的小事」；處理故事轉折，「細膩的變化」才合情合理；運用鏡頭書寫，要「像一位導演」那樣構築讀者視野；文章的第一句，要像「預告片」般的精采開頭；使用同理心，是「換上他的鞋」，走進他的視角。

感謝馨潔老師，願意在作文與文學的潮間帶落筆，引導所有想精進寫作教學的師長，與亟望寫出好文章的同學們，從作文的水深之處，順利走上繁花勝景的文學彼岸。

・本文作者為高中老師，曾獲台中市文學獎首獎、新北市文學獎首獎、台中市詩人節新詩創作首獎、總統教育獎主題曲首獎、教育部師鐸獎、星雲教育獎。著有《寫作吧！你值得被看見》、《學習，玩真的》、《寫作吧！破解創作天才的心智圖》等。

# 推薦語

寫作能力，在二十一世紀依然扮演重要角色。簡單來說，如何精確表達，傳遞情感，甚至能打動他者，不僅形塑個人風格，更能藉此讓人銜接更寬闊的世界。馨潔此書，正提供了優雅又實用的方向。小至一般初學者都會犯的浮濫問題並提出解方——每一次可以取代為「某一次」，過人之處更在於它也適合願意重新檢視、練習的每個人。既無言之鑿鑿的「公式」，取而代之的是反覆實作，輕巧歸納卻又必須回到個人平時努力的「指南」。沒有捷徑，卻很願意提前告訴後來者前方「可能的」樣貌，以保證讀者一路探索冒險的樂趣。所以，讀者時不時想停下來，興奮得直接動筆寫，便是最直接、最具說服力的「讀後感」。不信，就請先翻開再說吧！

——陳育萱（小說家、彰化高中教師）

《從下筆開始——40則突破作文難題新方法》是一本比傳統的寫作書更容易引導孩子踏入寫作領域的書籍，透過這本書，可以幫助孩子面對作文的困境，可以知道如何透過提問來引導孩子，讓我們陪伴孩子一起成長。本書有許多有趣的案例與實作，閱讀起來不僅輕鬆活潑，內容也可以快速吸收，讓作文課成為一段令人興奮雀躍的時光！例如方才我下筆時猶豫了，就翻開這本書，快速索引，找到適合的方法繼續寫下去。這是一本很特別的寫作指引，誠摯邀請您一起進入馨潔老師筆下的世界！

——蘇偉銓（南一書局董事長）

# 關於這本書的使用建議

歡迎你翻開這本書，期待這本書能夠陪你一起面對許多作文難題！章節的分配上，全書依照寫作的步驟，分為四個主題：

一、這樣思考，用文字提取思想精華

二、這樣下筆，寫作新方法陪你擊破難題

三、這樣修改，用巧勁讓作品更進階

四、這樣體會，用善感的心照亮寫作的路徑

前三個主題，是依序針對下筆前的準備、下筆時的提點、下筆後的修改這三個實際寫作層面來規畫。而主題四，則是情意與思考上的引導。

希望透過簡潔的文字，提出可實踐的方法和清晰的例子，來陪伴每一本翻開書的讀者，而閱讀這本書的方法有以下兩種：

一、參考全書順序來讀，由思考、下筆、修改、思考，認識寫作循序漸進的步驟。

二、根據寫作上遇到的困難，從書中索引相關章節來參考。

為什麼學寫作這麼重要呢？一個最能打動我的說法，出自於《寫字療疾》這本散文合輯。劉介修醫師在其中寫道，有一位高齡病患在醫院各科進行檢查卻檢查不出病因，他無助的在診間哭了起來。雖然大家都說他是健康的，雖然醫學定義他是一位健康的人，但他的身體就是不舒服呀！

作者接著解釋，隨著醫療與科學的進步，來自於生物醫學的「健康」定義，成為我們理解疾病的方式，這樣的版本既具有壟斷性，也很狹義。

只有當大眾開始試著敘述自己健康與疾患的故事，才能夠擴充「健康」

的定義，讓整個社會對於「健康」的認識得以更加全面。

這個故事像是一個寓言，不只如其中所談到的，人們需要在「健康」的感受上為自己發聲，其實在思考、主張上我們也都需要展現自己的見解，讓其他人對於我們的認識可以更加全面。

學會表達才能為自己敘事、為自己發聲，無論是抒發胸中意緒或是銘刻記憶，甚或是為自己發出不平之鳴來爭取權益，都能不讓自己輕易的被其他人代言，所以擁有敘事的能力，是如此重要。

因此學習寫作，不妨放鬆心情從這樣的心態出發，像是學著去善用一樣工具來協助自己解決問題，使文字成為表達自我的工具。如果也能從中看見自己的思考軌跡，看見自己最獨特的心靈，那便是更加驚喜的收穫了。

## 輯一

# 這樣思考，用文字提取思想精華

# 誰為我布置了聖誕樹？

## 發掘物件的涵義

前陣子收到雜誌社的信函，希望我能挑選一個對我而言具有意義的物件，分享這物件對我的獨特之處，說明我眷戀它的原因，也說明它如何療癒著我。

寫稿的過程中，看了看國二的課程設計，正巧來到了寫物的單元，於是將此做為練習題目，讓學生也一起來寫個人的療癒之物。

有同學寫著每次見到當年馬拉松的金牌，便能想起得獎那日的下午與好友在終點相互鼓勵的時刻。有人說是朋友相贈的手鍊，總能勾起她愉快的心情。

也有同學提到充滿回憶的第一雙釘鞋，開啟她的田徑生涯。陪她經過艱苦的訓練，釘鞋如同一台相機，記下了所有最光榮、最難捨的時光，儘管如今早已破損不堪，她依然將它收藏在盒子中，捨不得丟棄。

有一位同學寫著，加入足球俱樂部之後，每每比賽往返在球場與練習基地，單趟路程將近一個鐘頭。含蓄的父親雖然不把愛掛在嘴上，卻悄悄換了休旅車，車中能夠平放的座椅，提供他安穩的休息空間，同時父親還在車上準備各種口糧，為他提供熱量，迎接下一場賽事。半年前，這輛充滿回憶的休旅車即將轉手，他感謝這份療癒之物，更感受得到父親細膩的關懷。

物品雖然沒有生命，卻浸染在人與人的交會裡，有欣喜、有追悔、或者是遺憾……對我而言，療癒之物又是什麼呢？

我打算挑選自己床頭上那個昭和時代的多寶格，又或者是四處蒐羅而來的古典電笠，來寫自己的愛物戀物。在構思的過程中猛然發現，這些物件與我的交會仍然淺薄，因為我對於這些愛不釋手的收藏，只停留在玩賞、想像的階段，實際上的交集不多，我沒有太多關於它們的故事可講。

愷芬帶著她的寫作大綱來與我討論，她的療癒之物是耶誕樹。

她打算寫耶誕樹是人生收到的第一個耶誕禮物，因此著重描寫布置耶誕樹的畫面。但寫到第三段就捉襟見肘，只能寫每年十二月都很期待耶誕節，總會寫卡片放在耶誕樹下，寫來寫去都是在客廳的一隅，變化不大，要寫滿六百字的作文有點勉強。

「不只是場景，有時候情緒沒有太多起伏，也會讓人覺得作品好像在泥濘裡踏步，無法前進。」我說。無論是高昂或是低迴，如果一直維持著相同的情緒，就彷彿一首催眠曲令人昏昏欲睡。

「這棵聖誕樹是誰送給你的呢？」

「是我的爸媽！」

「爸媽為什麼會想要送聖誕樹給你呢？當然，我的意思是除了聖誕節應景之外，他們為什麼會想要在家中擺上聖誕樹呢？」

「我沒想過耶，不過他們都會把禮物擺在樹下，我跟妹妹每年都會先寫下許願卡給聖誕老人，超期待。」

「你那時候以為是聖誕老公公送的喔？」一旁的辰霖調皮問道，愷芬回答完之後也覺得很有趣，兩個人笑成一團。

「我覺得答案好像出來了耶，組織一下吧！」我告訴她。她後來在大綱補上，爸媽送給她聖誕樹，是為了讓她繼續相信聖誕老公的存在，守護她的想像。

帶上與人相關的回憶與意義，聖誕樹變成了一個好溫暖的禮物，背後有父母為孩子守候信仰的心意。

療癒之物能觸發情感，帶來內心深處的波動，於是，我後來選擇了籠子作為我的題材。我用這個貌不驚人的籠子，短暫照顧過一隻受傷的貓，當初朋友在路上救起她，她虛弱的身體，像是隨時要倒地裂成消散的零件。在醫師的診斷與住院後，她來到我這兒休養，因為太虛弱了無法使用貓砂，我在籠子裡每日為她鋪上乾淨的尿布墊，以布塊搭出小窩。

她一點點、一點點的找回氣力，每當我到籠子前，她會歡快的用前額磨蹭我的手心，拱起瘦弱的脊背與翻出小肚子，在我的撫摸之下，發出親暱的呼嚕聲。

我往往蹲踞在籠前看她，盤著腿抱她，寵溺的摸摸她。看著她某天開始離開了籠子不再往外跑，而是靠在我的身旁。籠子像是一座安樂的浮島，彷彿是我向貓展開的雙臂，她也溫暖了我，籠子代表著我們彼此雙向的付出與收穫，還有交會時的情感。

各樣的療癒物件都有無法被取代的根由，說是寫物，其實也是在寫回憶，透過深掘背後的情感，我們都看見了這些物件之後，真正動人的深意。

# ChatGPT 也藏著寫作密碼

## 學習具體表達想法

「給我十個幽默的笑話」、「幫我寫一篇關於飼養倉鼠的心得短文」網友對 ChatGPT 拋出各種問題，研究這項劃時代的程式。隨著 ChatGPT 問世，世界開始關注這個人工智慧的聊天機器人程式，研究如何對它下達指令的要領，促使它生成理想的文字。

怎麼樣才能透過文字更準確的傳達訊息呢？關於寫作技巧與 ChatGPT 對話的方式，其實有著許多相通之處。

其中最重要的兩點便是：辨明受眾、表達明確。

向 ChatGPT 提出指令時，可以決定它發文對話的對象，可能是客戶，可能是十歲小孩、家長、教練、社區居民等等。對十歲小孩說話的方法與對客戶絕對不同，十歲小孩所懂得的詞彙有限，對話要採用比成年人更淺白平易的文詞，更別說是使用商業上的術語了。

這也像是在寫作前確定讀者是誰，了解讀者對這個主題的掌握程度。當你試著向一群熟稔籃球的籃球隊員，解釋昨晚球賽的過程，大量的術語便是雙方的共通語言，你可能會說：「我隊換人後，得分開始增加，在對手走步犯規與連連失誤後，因為有隊友的助攻，我轉身過人後仰跳投得分！」

但說明對象如果是大眾，則要考量到不熟悉籃球運動的對象，以敘述代替艱澀、冷僻的術語，如同：「我隊在更換隊友後，換上更擅長防守的阿武，在隊員配合下得分開始增加。在對手帶著球走步而犯規，連連失誤後，我突破防守，站上絕佳進球位置。隊友拋來籃球，我轉身越過防守，注視著籃框，思考著距離與投球力道，接著向上躍起，身體向後傾斜，運用手腕力量投向籃框，進籃、得分！」

這樣一來，不僅熟悉籃球的人能明白那場比賽有多麼精采，不熟悉籃球運動的讀者，也能夠理解場上你來我往的戰況，這樣的表現手法不但更具體，畫面感也更強烈。

第二點的「表達明確」則是要能清楚的說明需求。當我們要讓ChatGPT能夠依據需求來衍生文字，說明越清楚越好，如「請用五歲小孩能理解的語句，說明地心引力的原理，並且列舉兩個生活化的事例」而不是只發問「地心引力是什麼？」，或提出「請用專業教練的角度，說明如何經濟實惠、高效率的幫外食族增肌減脂」而不是「怎麼減肥最有效？」

因為指令越明確，呈現的結果就會越符合期望，這也表示這位虛擬的溝通對象，接受到你話中的訊息了。

文字以溝通雙方、傳遞訊息、減少誤解為宗旨，無論是在ChatGPT或是寫作上都是相同的。只有訊息清晰，對方才能明白你想表達的內容，所以如何具體、精準地說明，就格外重要了。

常常能看見學生在作文裡寫到自己的人生目標是成為律師、醫師、YouTuber或者是太空人，達成理想的方法往往只是說：學生時期會認真讀書，長大後熟習專業知識。

籠統的回答讓讀者感到模糊，也展現不出你對這個領域的認識。若要認真讀書該讀哪些書？又打算依循哪些方法來讀書呢？完成這份工作需要熟習那些專業知識？除此之外，這份目標需要怎麼樣的態度、心志，你目前擁有哪些特質？又該如何得到沒有的特質呢？

以郁薇的文章作為示範，可以看見她對於成為地質學家，將會進行哪些努力，進行更具體的說明：

為了達到成為地質學家的目標，並同時增加追夢的勇氣及毅力，我要更加努力的認識這門學科。在火傘高張的時刻，俯身在岩石間進行採樣；在晨曦柔和的陪伴下，揮汗如雨的跑步鍛鍊。在記載滿是古老岩層祕密的書頁間，了解到更多的地質研究史；在肥沃砂土的覆蓋下方，研究微生物的成分、物質的衰變；在高手雲集的科學營隊裡，與夥伴一起研究地質組成。

無論是在現場進行岩石採樣，或是翻開書了解地質研究史，或是身體力行參加相關營隊，以及透過跑步鍛鍊體能，透過這些具體的描寫，連我們這些對地質科目不太了解的群眾，都可以感受得到郁薇做過的功課，還有築夢踏實的規畫。如同這樣將理想化為可實現的步驟，透過明確的方向展現計畫，把籠統的說明化為可感的描述，讓讀者更清楚你的意思。

向 ChatGPT 學表達，透過「辨明受眾、表達明確」兩項整理，也掌握了更加清晰表達文字的技巧！

# 「請多多指教！」題目是文章的名片

## 這樣命題最閃耀

近期睡醒第一件事，常是揉揉眼睛打開信箱，閱讀編輯的來信。這陣子我們在討論書名、篇名與綱要，期間許多的建議跟問題，我需要從吃早餐開始一邊思考，一整天隨著作息，在腦中構思許久，才能想到合適的答案。

在我出過兩本散文，以及這次寫作書的經驗裡，定下書名往往比寫文章還要更有難度。「可以再活潑一些」、「可以再抒情一些」、「希望有一針見血的感覺」、「書名好像太長了」……決定前，幾個可能的書名，甚至還會發起投票，讓幾位編輯加上我，選出覺得最好的名稱。

只能說書名、篇名正像是一本書、一篇文章的名片。「請多多指教，這是我的文章。」讀起每個書名與篇名時，心裡總有這樣的感覺。

在作文的命題上，最常見的兩種命題法是半命題式作文、命題式作文。如何讓作文題目能夠推陳出新，遞出一張漂亮的名片，讓讀者想要往下閱讀，是有方法可循的：

## 方法一　半命題式作文：找出直指核心的題目

作文題目〈我期待（　）〉，希望同學在（　）填入要陳述的主題，透過作文說明曾期待過什麼？為何會有這樣的期待？這樣的期待又為自己帶來什麼樣的改變？進而說明個人的經驗、感受與想法。

國二的維涵在兩個題材之間猶豫不決，也猶豫（　）該填入「自律」好，還是填入「早睡」更好。

討論時我問他：「為什麼想要自律呢？」

「因為這樣可以節省更多時間，去做自己想做的事。」

「那麼，為什麼想要早睡呢？」

「這樣子會更有精神面對每天的工作。」

「這樣說來其實這兩個題材之間，是有所交集的喔，都是你對於『理想的一天』該如何過的看法，也可以將兩個題材合併成一篇，從共同點來設立一個更清晰的題目。」最後他將題目改為〈我期待（善用每一天）〉，文中談到他將如何自律，以及打算如何實踐早睡的計畫。

珈緣則將題目命為〈我期待（擁有源源不絕的財產）〉，我同樣建議她往下再細想，若擁有源源不絕的財產，她期待完成哪一項最重要的目標。原來她的夢想是蓋一座遊樂園，將題目改為〈我期待（蓋一座遊樂園）〉之後，文中談到她的遊樂園會有那些刺激的設施，並且免費入園讓大人小孩都能同樂，每晚的煙火秀將會成為這個城市最熱門的景觀……

半命題式作文的命題，正是要考驗學生對於文章重點的掌握程度。「題材」不見得是好「題目」，在選定題材之後，思考透過題材做為路徑，期望達到什麼樣具體的目標，往往是這篇文章的核心所在，作為題目也會更加搶眼。

## 方法二　命題式作文：突破固有的形容方式

某次華夏徵文比賽，徵文內容是希望學生們書寫，未來想成為什麼樣的人。辰芳在作品裡描述未來的社會高度發展，但自然隨之被破壞殆盡，花朵不再綻放，動物屍橫遍野，果蠅、蒼蠅也不見蹤影，生態鏈即將崩解。她想像自己正在進行野狼的復育，堅守保育的最後一道防線。

如果篇名是「成為生態復育家」、「野狼守護者」這類題目都太直接，缺乏巧思。最後她抓住文中「狼」與「少女」的兩者，定名為〈狼少女〉。這樣的篇名勾起讀者的好奇，令人想一探狼少女究竟為何，也有概括全篇的功能。這篇充滿創意的文章，果然得到全國前五名的優選。

我曾在一篇散文中，談及成年之後到迪士尼樂園的心情，長大之後回顧童話故事，終於明白反派角色不過暗喻著人性的複雜，而童話即使只能觀望也無損美好，因為這是成人在歷經現實的艱辛後，好不容易走到的，沒有眼淚與傷痛的地方。取什麼篇名好呢？「屬於我的迪士尼」？「我的桃花源」？但這樣的比喻也太常見，不用等讀者皺眉，我自己就先搖頭。

我想起了在旅遊前做功課時，看過不少「德國旅遊新手攻略」、「釜山一日遊最強攻略」這樣的標題，「攻略」這個詞很活潑又常常用於遊歷，於是我將篇名命名為「寫給大人的迪士尼攻略」。我的散文內容不是實際旅遊攻略，更像是如何以新角度去看待遊樂園的心境攻略，因此趣味的篇名與內容的抒情，正好形成對比。

選擇文章的篇名真不容易，除了考驗作者對於篇章內容的掌握程度，也考驗了作者對文字的敏感度。哪些詞比較新鮮？哪些詞可以涵蓋全文的重點？哪些詞可以與文章內容相映成趣？怎麼樣才能為這篇作品設計一張最好的名片呢？除了多多練習命名會有所幫助，在閱讀文章時不妨也多留意篇名、書名，記下那些吸引你的篇名、書名，也能夠幫助我們更快掌握訣竅！

# 構築自己觀看世界的角度

## 題材蒐集法

「從自然歷史博物館回來的那天，我也立刻翻開筆記本想寫下關於白長鬚鯨的種種，可是一旦拿起鉛筆，反而不知該從何寫起，腦子愈來愈亂。白長鬚鯨的確在我心中泅泳。透過海面看得見他流線型的影子，也聽得見他震動海流的心跳聲。當然，每一根骨頭的形狀也一一重現腦海。」這段觀察描述，出自作家小川洋子的短篇小說〈可憐的事物〉。

小說裡，主角有一本筆記本，封面以油性筆鄭重寫上的標題「可憐的事物」，記錄了所有他在生活中觀察到的可憐事物，書中的第一名正是上文提到的白長鬚鯨。

每當有學生詢問我關於題材蒐集的問題，我總是告訴他們這一個故事。

在主角投射下，白長鬚鯨因為巨大的身形或許終其一生都難以辨識自已完整的樣貌，巨大的化石骨架與心臟模型，在博物館供孩童讚嘆、攀爬，也忍受著輕狎。筆記本還記錄了其他可憐的事物，像是在動物圖鑑裡備受冷落，用了半頁不到的土豚；還有在雜誌裡的合照上，被解說文字遺忘的龍套演員，都成為了這本紀錄的座上賓。

這樣的敘述真是令人著迷，主角親自為我們示範了尋找題材的重要方式：**有意識地蒐集材料**。

當主角抱有想要蒐集並記錄「可憐的事物」的想法，這個念頭便能開始發酵。平靜的生活裡面，他開始觀察落寞、孤寂的各種身影，並且去探尋，或是想像其中可能的原因，甚至僅僅是觀察加上敘述，都能夠咀嚼出不同於尋常的滋味。像是參觀博物館時，雖然大家同樣都在讚嘆白長鬚鯨的巨大，但作者透過觀察、想像、記錄，讓感受到的事物，遠比單純的參觀來得更加有趣。

如果常常苦惱於寫作材料不夠，不妨也對於身邊的事物定下一個主題，然後進行有意識的蒐集，像是「生活中最觸動我的一組對話」記下平常與家人朋友聊天時，令自己從中得到啟發的佳句；或是「回想起來覺得不枉此生的瞬間」記下生活裡永不褪色的重要畫面……過程看似有點傻氣，但其實都在培養我們接收訊息、轉換訊息的能力。

關於題材蒐集的第二個建議，則是**主題式閱讀**。

我自己特別喜歡用這樣的活動來了解世界。這裡的閱讀是指非常廣義的閱讀，閱讀的材料可以是電影、展覽、紀錄片、動漫、文學書籍、旅遊書、網路資料、YouTube短片、實際走訪……等等。設定一項自己喜歡的主題，進行一段時間的研究，能夠更有系統的對事物進行鑽研，下面是我曾經嘗試過，覺得非常有趣的提案：

## 1. 閱讀過某作家全系列作品

有系統地認識一位作家，與讀完對方的一兩本書是不一樣的體驗。從作者從年輕至年長的作品，可以觀察作品如何隨著他的歷練有所轉變，找出其中他所信奉的理想、表達手法以及寫作風格的變換，並且給予他一個更完整的評價。未來當你談起這位作家，將能夠更有自信且全面性的表達自己的觀點。

## 2. 閱讀某位名家喜歡的書籍、電影

如果你有某位很欣賞的名家，不妨透過他們的專訪或著作，找出提過的作品，裡面通常藏著他們之所以傑出的祕密。也可以透過閱讀這些作品，試著去設想，這些材料是如何滋養他們，如何激發他們的創造力。

## 3. 旅遊前先透過閱讀來準備

我第一次到京都自助旅行前，除了腦海中裡早有川端康成以京都為背景寫成的《古都》，還有三島由紀夫的《金閣寺》，也讀了舒國治《理想的下午》這一本多處提到日本旅遊經驗的隨筆。同時也將壽岳章子介紹京都庶民生活與街道歷史的《京都三部曲》讀完，這樣的準備讓旅行變得饒富趣味，踩在碎石路上腦海中翻映的是那一篇篇如夢似幻的篇章，心中豐富的想像及對作品的回憶，自然地融入眼前優雅的景色中。

## 4. 找出某部作品的各種改編

如果喜歡近期被大量改編的狐仙故事，不妨先看蒲松齡《聊齋誌異》裡〈阿繡〉、〈黃九郎〉等狐仙故事，再看看導演陳嘉上的電影《畫皮》，最後看看動畫劇集《愛x死x機器人》第一季裡的〈祝你順利〉。看看狐妖在不同版本的故事中，如何從比人類更擁有人性光輝的妖物，變成嚮往人性的神祕女子，最後變成被剝削者的象徵。這些狐妖形象的轉變，能夠讓我們看見各種文本對於經典的轉化和詮釋，更加懂得如何化用文本與靈感。

**有意識地蒐集材料**與**主題式閱讀**兩種方法，都是透過自覺尋找作品，有意識地組織與消化，用主動的方式去親近各樣精采的材料，並且加以咀嚼，放進自己的靈感資料庫。有了這樣的習慣，題材的蒐集永遠難不倒你。

# 世界上最棒的發明是什麼？

## 聯想延伸術

世界上最棒的發明是什麼呢？

這是一個有趣的作文題目，每一次在讓學生思考這個問題時，我總不免囉嗦一番：「各位聽我說喔，其實大家最常想到的材料，就是現在唾手可得、近在眼前的事物，雖然這些材料確實是滿有意思的，但重複率實在太高了，不妨再想想其他，讓題材更有創意一點呀！」

世界上最棒的發明是鉛筆，讓人類得以記錄與書寫；世界上最棒的發明是衛生紙，擦拭了髒汙也減少了細菌病毒；世界上最棒的發明是手機，讓我們得以徜徉虛擬世界；世界上最棒的發明是書，讓我們可以閱讀前人的智慧，這些題材在各屆學生的筆下一再重複。尤其在疫情之後，還多了「口罩」這樣的熱門選項，這些學生們自己覺得很有創意的材料，其實都是老生常談了！

再往下想想，讓思緒像是帶有翅膀的天使，一躍而上飛離了教室，四處找找還有沒有什麼東西是經常會使用到，卻方便到鮮少被察覺的呢？**跳脫出眼前的情境**，**擴充思考的範圍**是聯想的第一步！

語喬說：「老師，棉被可以嗎？我難過的時候喜歡躲在棉被裡。」她思緒的精靈進入了臥室，停在一床鬆軟的棉被上。

「棉被能夠保暖，除此之外還有什麼功能，能使它榮登最棒的發明呢？」我問完，只見語喬在學習單上寫下「治癒情緒」。

「棉被把我包起來，像是給我一個擁抱一樣，能安慰我的心。」她補充說。

從實用的功能——保暖，延伸到抽象的功能——安慰，接著我們可以試著**轉換角色**來思考筆下的自己，除了是從被棉被擁抱的人，還可以進一步變成在別人悲傷（寒冷）時，為他人帶來溫暖（蓋上毛毯）的付出者，這樣一來「棉被」的意義便再度延伸而出了！

**「知恩、報恩、造恩」**這樣的三層模式，也是一種延伸的好範例，從明白自己受到了哪些恩惠，進而能夠報答他人的恩惠，最後還能夠轉換角色來成為為他人創造溫暖的人，也是從接受一路到付出的三種境界。

像是我總是享受著父親親手準備的早餐，有時候是有著滿滿蝦仁的海鮮炒麵，有時候是金黃色飄著奶油香的可樂餅，有一天清晨五點半起床上廁所，發現父親已在熱氣蒸騰的廚房準備早餐，翻炒著食材。看見父親準備早餐的用心與辛勞，我向他表達感謝，珍惜眼前的佳餚，讓父親的愛一口都不浪費的填飽我的胃腸，這便是「知恩」。

該如何感謝父親，也讓他明白我接受到他的關懷呢？週六換我為全家人準備早午餐吧！我照網上搜尋來的比例調製雞蛋麵糊，做成鬆餅加上酪梨、香蕉以及生菜沙拉，端上桌時讓全家人都讚嘆，待他們吃飽後更是承接洗碗的任務，讓所有人都舒舒服服的坐在客廳看電視就好，這是「報恩」。

那麼「造恩」又是屬於怎麼樣的延伸呢？在父親身上我學到了他對於家人的用心，看向旁邊動作總是慢我半拍，甚至是常常害我上學遲到的妹妹，等她穿鞋、刷牙、折返回家拿忘記的美勞用品時，我學著用耐心代替白眼。只要零用錢夠，買好吃的雞排也不忘她的一份，誰叫這個迷糊蛋是我妹呢？我要像爸爸疼我們一樣的疼她。

世界上最棒的發明是什麼呢？聽完我舉的例子，恩樺回答：「我覺得最棒的發明是日曆，提醒我要珍惜每一天。」她接著補充自己每次放學到外婆家吃飯，那張被撕下來的日曆紙，墊在她的碗下用來放魚刺肉骨，就像是標誌著每個昨天無法重來，而晚餐時光也意味著今天即將進入尾聲。

撕下日曆、處理廢棄的日曆紙，使人透過觸覺、視覺等更加可感的方式，體會時光的流逝。恩樺從日曆實用功能——計算時間，延伸到抽象的功能——提醒自己珍惜光陰，賦予這個題材更豐富的意涵。如果要再往下延伸一層，運用**轉換角色**的方式思考，「我覺得是豐富其他人的時光」從她的搶答看來，她真的掌握了延伸的訣竅了！

從晚上只是回外婆家吃飯，拍拍屁股就走的「接受者」，到變成跟外婆分享學校趣聞，或是聽外婆說話的「聆聽者」，恩樺發表了自己的延伸，聽起來不僅是個好題材，也是讓生活加倍幸福的方法！

## 擁有讓作品倏然發亮的神奇感

### 創意題材這樣找

「驚奇是個有趣的心理反應，如同神奇感，讓我們眼睛腦袋倏然發亮，一下子脫離呆痴狀態，『活』了。所以驚詫我們的事會記得，其他則褪入虛空消失不見。」作家張讓曾經對「創意」有過這樣貼切的描述。驚奇的體驗是點亮思想的仙女棒，瞬間將黑夜變得燦爛，更進一步啟發觀賞者觀看黑夜的眼光。平淡無奇的事物，則會逐漸隨著時間流逝，直至在記憶中不留一絲痕跡。

關於增強文字裡的驚奇、神奇感，讓自己作品更加精采，我也提出兩種自己在創作上常用的方法，希望這些對我實用的方式，也能為你帶來幫助。

## 一　不要設限寫作題材

「什麼內容都可以放進文章裡，只要我能找到一個適合描寫的角度！」——這是我對於各式題材的看法。因而我寫過減肥、養貓、喝飲料、母女衝突的經驗，甚至是單戀的心情、對於戀愛的想法……生活經驗，就是我的養分。

某次坐在書桌前寫作，貓咪調皮地踩過鍵盤，留下一串亂碼，當時我正寫著我與貓的故事，突發奇想的將這些亂碼也放進散文中：

> 斑在這樣的暖被窩裡，往往能熟睡，放下所有的神經質。幾夜月光太亮，深夜醒來以為已是清晨，深眠的斑斑未被驚動，只有作夢時小腳踢向我，或是發出微弱的囈語。那囈語像是他踩過鍵盤時帶出的亂碼[]]]]]]]]]]]]]]，貓的語言。

亂碼在我的文章裡，成為貓咪語言的比喻。如果你也期望捕捉一閃即逝的靈感，不妨抱持著開放的心態，不要排拒任何經驗，將生活給予我們的靈思都囊括進寫作的範圍裡。

## 二　找出自我與事物的關聯

「我們注視的從來不只是事物本身；我們注視的永遠是事物與我們之間的關係。我們的視線不斷搜尋、不斷移動，不斷在他的周圍抓住些什麼，不斷建構出當下呈現在我們眼前的景象。」約翰・柏格在《觀看的方式》這本書裡，這樣詮釋創作與創作者之間的關係，我為這樣的觀察角度著迷，當我這樣觀測世間萬物，一切會變得如此不同，許多創作題材也在其中。

二〇一九年《印刻文學生活誌》曾經邀集數十位作家，各自發想一個關鍵詞寫出對於對於文學的感受，這篇創作令我苦惱許久，文學之於我，要用什麼樣的關鍵詞才深刻又適合呢？而怎麼樣的書寫方式才不會與其他作家重複，而且情感上不會過於耽溺？恰好那陣子因為喜歡金工，在網路上看過許多相關的影片，我忽然發現頸子上的黃銅項鍊，似乎就隱喻著我與文學的關聯：

始於極熱，調和噴槍中瓦斯與氧來控制火候，煙心要為藍色，外圍帶有赤紅，確保在千度高溫之中仍帶有溫柔的燒熔銅粒，偶爾也會灼傷自己，但仍要抓準時間，趁熱將橘紅的漿液倒入模具。半成品在剛柔的轉換之間被擊打，你施加多少力，亦承受多少的反作用力，亦可以說，擊打的不是銅，你在擊打著自己。每個頓點，銼與磨之間拿捏急緩，想做一輩子的話就要拿捏出最符合吐納的節奏，老工匠總會這樣提醒新手。覆上雙手，用肉身輕撫所有被削尖的銳角與流線，調至最合適的角度，些微差距比毫米還小，指痕與觸撫該怎麼言傳呢？因此人們說那是一種感覺，一切憑著對工藝最敏銳的感覺。

寫作的過程中，一段一段的記憶作為原料，我們用熾熱的情感重新將它燃沸，透過灌模、錘鍊，感受創作過程中的反作用力，練習拿捏力道與長久創作的方法，像極了鑄成黃銅項鍊的過程。

時常網購，拆開一件件寫上自己名字的包裝袋，拿出貨品後，袋子用來盛裝垃圾。看著寫上自己姓名的袋子，被裝入紅蘿蔔皮、清洗時不慎遺落的幾粒米、潮濕的咖啡粉與濾紙、包裹衛生棉的面紙團、貓砂……但仔細一想，那袋子不也是我的產物嗎？於是我這樣敘述它：

當病與死被密封在白色巨塔中，當經血與穢物都被捲入沖水馬桶，生活文明的表象下，此袋是條祕密的尾骨，是曾也如猴類懸掛尾巴的人類極力否認的，演化的遺跡。最具原始夢境與齊一的色彩，三千年前、四千年前在在冰河期找到火源的原始人，街上、收容所張望著的動物們都有的個人屬物，骨骸、皮屑、糞便、果核，那是不打上柔焦的行走坐臥，千年如一。

且袋子確確實實的載有我之名，也沒有什麼比放入這些東西更加適切，雖不令人感動更少有一顧，是無關緊要的，但那的確是我，與我的。

裝著垃圾的袋子是我的作品，是我的生活痕跡，印上我的名字實在是適合不過。在這樣找尋與事物關聯的眼光裡，許多尋常的事物都成為了深刻的隱喻。

透過上述兩種方法，我持續的鍛鍊自己辨識題材、尋找題材的能力，讓筆下的事物更有神奇感，希望也對你有幫助！

# 撬開固化的外殼

## 增強思辨力

一隻狼狽的丹頂鶴，羽毛稀稀落落，鳥尾以及軀幹的羽毛脫落露出粉紅色的皮膚，鳥喙則硬生生斷成兩截，斷掉的殘片歪斜地吊掛在前方。這是我某次在臉書上滑到的一張照片，貼文註記著「這隻丹頂鶴因為打架而斷喙，醫生幫牠裝上鈦合金鳥嘴，從此牠打架再也沒輸過。」旁邊附上手術後對比照：鈦合金製的上喙帶著霧面冷光，修養過後的丹頂鶴肥美了些，一副鳥羽鮮潔、志氣高昂的樣子。

網友們在下方按滿了笑臉，我也認為這是我這周看過最有趣的奇聞，課堂上講完這則故事，大家總是哄堂大笑，直到一位學生聽完之後面帶愁容的說：「未來，換他要弄斷多少鳥嘴？」

經他一說，全班都安靜了下來，包含我也是。我怎麼沒想過這個問題呢？只是看卡通一般的，將這件這件不尋常的事情當作是生活的調劑而已，但那位學生確實看到了更遠的問題，既然鳥喙易斷，下次打架這隻丹頂鶴如果是無敵的，那麼遭殃的就是其他丹頂鶴了。

無論是寫作過程或是生活中，我們都需要對各種議題做出回應，但如何能夠培養自己的觀點，尋找更好的角度看待問題，則需要經過練習跟準備。深刻的眼光，能夠讓我們在尋常的事件中找到施力點，把固化的外殼撬開來，看見其中所蘊含的美麗珍珠。那麼該如何增強思辨能力呢？

## 一 跳出二元觀點來找答案

記得某次學生寫過一篇作文，寫他因為身形臃腫，成為同學們取笑的對象，被冠上各種難聽的綽號。在他堅持每天放學後在羽毛球場練球一個小時，並且戒掉消夜之後，果真如願瘦下十公斤，讓同學們對他另眼相看，不再用惡劣的態度對待他。

然而沒有精壯的身材真的是錯誤的嗎？答案肯定不是如此，在擺脫對、錯二元的觀點之後，他看到了第三種答案：「我本來就沒有錯，錯的是嘲笑他人身材的人哪！我可以為了健康因素減重，卻沒有必要為了迎合朋友們，讓自己這麼委屈！」遇到相關的議題，不妨按下暫停鍵想想，不要侷限在對錯二選一的思考模式，想想還有哪些可能，想想有沒有可能這兩種觀點都是對的，或者兩者皆非，跳脫出框架，找到更接近真相的答案。

## 二　為自己保留犯錯的空間

「生物課本的內容，是目前研究的成果，未來如果有更新的突破甚至是更遠古的證據出現，也有可能將這些理論推翻。」高中生物的內容我早已忘得差不多，但生物老師的這段話仍時常浮現在腦海。

失敗或被否定的感覺是最叫人難受的，因為人類有著這項弱點，往往為了捍衛自己的尊嚴，鞏固原先的言論，而落入意氣之爭，落入只要不輸就好了，是非不重要的處境，實在大可不必。如果可以在「我有可能會犯錯」或是「透過接收新的資訊，或自我的成長，我的觀點可能會改變」這樣的前提下進行思考，反而更能擁有開放的心胸，客觀審視各種觀點！

## 三　容許多元觀點並列

如何清除地球軌道上的太空垃圾呢？科學家們想出許多方法，包括利用雷射將太空垃圾推回大氣層焚毀，或是用高強度纖維編織的大網來攔截碎片，還有用機械手臂捕捉殘骸燒毀……都是解決方法。有時候問題的答案不只有一種，這些答案可能同樣可行，也可能有高下之分，因而在看待問題的時候，先容許多元的觀點並列，再進行評鑑與選擇，思路會更加寬廣。

## 四　大家都同意的觀點，未必是對的

歷史上對於人種的歧視、種族的歧視、性別的歧視，即便現代社會已經知道這些觀點錯得離譜，全人類也因此付出了慘痛的代價，這些歧視都曾經是主流觀點，得到多數人的認同。可見多數人認為是正確的事情不一定是對的，對與錯的標準從來就不是靠人數多寡來衡量，同樣的，多數人所反對的觀點，也未必是錯的。

## 五　找出證據、蒐集完資料，再做判斷也不遲

隨著網路的發達，大大小小的新聞與社會風潮，不僅為公眾製造茶餘飯後的話題，也帶來審視議題的機會。在還沒有得知所有資料之前，如果僅僅是看過新聞標題或網友們的留言，暫且不要因為想要參與，而急切地發表意見。思考是需要時間來醞釀的，判斷事件的是非，也需要靠足夠的訊息來佐證，在還沒有準備好之前，說出「我對這件事的了解還不夠全面，請給我一些時間準備」也是成熟的答覆喔！

寫作是思考的表達，而思考與判斷需要長久的練習。幸運的是讓我們練習思考的材料隨處皆是，社會就是一所最合適的學校，何不透過這些方式，一起來鍛鍊思辨能力，找尋固化外殼之下的美麗珍珠呢？

## 將眾多佳篇化為一杯冰滴特調

### 這樣讀範文事半功倍

將好文章視為模範，擷取其中優點，是學好寫作的快捷道路之一。可惜的是，當好作品擺在眼前，具體展示「好」是如何的「好」時，我們往往悟不出個所以然，像是嘗了一口精緻的甜點，只覺得順口，卻難以形容其中滋味。

常常在課堂上發下相關的好文章讓學生閱讀，在沒有提示學生們如何觀測這篇文章的優點前，大家就是將文章掃視過一次，便放置在一旁。佳作是佳作沒錯，但跟閱讀者好像沒什麼關係，讀完後我還是我，你還是你，雙方形同陌路，多麼可惜呀！

然而加以說明擷取文章優點的方法時，多數人開始拿起紙筆記錄，在重要的詞句上畫線，甚至看著文字陷入沉思。在對於佳作充足的「消化」

一番之後，大家都有著滿滿的收穫，同時也找到自己需要的素材。

面對一篇自己喜歡的文章，該如何擷取其中優點呢？這些方法既有趣也容易實踐：

## 一　帶著問題來找答案

你曉得自己作文的強項、弱點各是什麼嗎？不妨拿出寫過的作文，總結一下評語。架構是否周延？內容是否生動？闡發是否扣題？說理是否清晰？詞彙是否夠豐富？結尾是否妥善地總結全文，或是否能夠在文意之上加以延伸？試著在這種種問題上，找出自己的弱項與強項。碰到自己喜歡的文章時，不妨專注觀察這篇文章如何處理你的弱項與強項，使自己在強項上更有突破，在弱點上也能得到借鏡。

## 二　找出文章讓你最愛的亮點

借鏡他人最重要的三個口訣，是問自己「他好在哪？他怎麼做到的？我該怎麼學？」閱讀自己喜歡的文章時，我也喜歡思考這三個問題，先找到這篇文章打動自己的地方在哪裡，是作者展現的熱情？或是段落的編排與設計？文章中亮眼的比喻？意象的運用？取材上的創意？還是角色獨特的性格？

接著要思考的是，這篇文章透過什麼方法達到這個效果？最簡單的方式是從模仿做起，適時的運用在自己的文章裡。透過這樣的收集，你會慢慢有一個自己的作文百寶袋，各種不同的開頭，或是特殊的句型都被納入囊中，等待時機展現在作品裡。

## 三　預測文章的走向

當文章看到興趣盎然時，不妨先按下暫停鍵，在心中問自己「如果是我，我會怎麼往下寫？」最後再看看作者的安排，例如：文章進行至此，要開始描繪對於轉學同學的想念，我將會如何形容，而作者又是如何形容？文章進行至此，將要開始總結先前的種種說理，如果是我，我打算怎麼做？實際上作者是如何收束？

將自己的思考與作者的思路進行對比，討論怎麼樣的處理方式更有新意，或是更加妥善，透過這樣慢慢拓寬自己的思路。

## 四　觀察文章的層次

透過段落、時間線的安排，看看作者是如何透過各段來闡明主題，各段提到了什麼，彼此之間又是如何呼應？而作者選擇先講事例還是先說理，又或者是夾敘夾議？他敘述事件的篇幅占了多少，這樣的處理方式你覺得好不好？

同樣的，看看作者對於時間的安排，是順敘、倒敘，還是跳接各個時空，而這樣的處理手法，帶來哪些閱讀體驗？

## 五　選出佳句、佳詞

在閱讀時讓你眼睛一亮的佳句、佳詞，也是學習語感一種方式。傳統的教學通常將重點放在佳句之上，然而學習好的詞彙往往能夠更有效的融入原先的寫作語彙裡，同時也幫助我們拓展詞彙量。

某一天當我看起自己的作品，突然發現我慣常的使用某些固定的詞彙與比喻，這在寫作上並不是好現象，去看看別人是如何運用語言，慢慢幫助我打破了這個僵局。同時新的詞彙、語句往往會觸發一些新思路，走出舒適圈帶來一連串的連鎖反應，幫助我們突破舊有的模式。

接著試著不要放過上述的問題，當你閱讀新的篇章，同時也透過思考與整理，為自己帶來新的挑戰，不僅加深了你與這篇文章的交會，讓自己的寫作向前邁進，對於文章的評賞能力也會隨之精進喔！

## 困難的道理用故事輕鬆說

### 舉重若輕的構題訣竅

二〇二二年亞洲盃腕力錦標賽中，台灣選手蔡偉仁以八十公斤的體重跳級參加一百零五公斤級別，得到分組冠軍之後，再角逐不分量級的總冠軍賽，成功拿下全場總亞軍。只有八十公斤的體重，要如何打敗量級相差如此大的對手呀？

透過深入了解才知道，其實腕力比賽更看重的是比賽技巧，像是指頭的扣力與手腕施力的方法，並且針對需要的肌群進行訓練，這一個個打在關鍵點上的訓練方式，讓蔡偉仁舉重若輕，在比賽中傲視群雄。

面對生活中的許多挑戰，直接硬碰硬不一定是唯一的方法，轉個彎來處理問題，或許就能發現更多直攻核心的路徑。

「你覺得群體的利益與個人的利益何者重要？請透過個人的經驗或見

聞，說說自己的看法。」不光是學生，這樣如鐵板般的硬題，連我第一眼都覺得沉重！但就像腕力比賽一樣，這樣議論導向的題目，有很多技巧來攻錯。像是透過說自己的故事，或是領悟群體與個人孰輕孰重的過程，既有說服力，也更容易使讀者走進你的文字中。

我與學生們也就著內容開始進行討論，我先舉出例子，比如，小花被選為女主角，參加社團話劇社的演出。所有人在社長的指導下，先揣摩角色的個性，討論劇情設定，在所有人背完台詞，進行各種分組練習後，全員開始在每周六進行全劇的排演。

巨大的壓力，加上社長嚴格的要求，幾度想讓小花想放棄。某一次，小花在排演前，臨時裝病請假，享受久違的假日時光，後來才知道因為自己不負責任的決定，讓所有組員來不及應變，排練也因為戲分吃重的女主角沒來，有好幾幕無法練習。小花看見自己因為不想練習，卻讓大家寶貴的時間白白消磨，才發現要重視群體的利益，不能只想到自己。

**以自己犯錯的經驗為例，能夠帶入心境與想法的轉變，更能從反省之中展現自己的成長，讓文章有更多發揮的空間**。而學生習作時，最常見的例子是寫出某次分組報告，有位組員總是聯絡不上、放大家鴿子，或是交辦的事項沒有做，甚至是報告當天無故缺席，讓作者與其他組員深受其害。大家很常用這樣的例子說明，只顧個人利益的自私行為，造成的負面效果。這樣的寫法較為常見，卻少了一些創意，更重要的是**寫作時，如果把自己放在受害者的位子時，往往會寫成一篇義憤填膺的控訴，情感與省思都缺乏層次，如果對於技巧的掌握不夠純熟時，甚至會演變成情緒化的謾罵和批評。**

另一位同學理安則提到，參加籃球隊徵選時，總是看見球隊學長姊忙裡忙外的協助徵選，一點都不喊累。當理安正式進入球隊之後，學長姊開始一對一地帶領新生，從基本動作開始慢慢雕琢，傾囊相授所有打球祕訣，毫不藏私。獲益良多的他，為這樣的團隊精神感到驚訝，球隊的每個成員，都極具向心力的在為群體付出，球隊所向披靡。原來這就是重視團隊精神，能夠達到的境界！這樣的精神也感染了他，隔年他也成為了學長，將自己的球技與團隊的默契，開心地與新加入的學弟妹分享，也由此體認到，如果能將團體利益置於個人利益之前，整個團隊的力量將能倍數加乘，最終使所有人都受益。

這不只是個好事例，還是個動人的故事呀！**從團隊精神的受益者出發，一步步探究大家的向心力從哪裡來，最後也溫暖的成為其中付出心力的一份子，讓道理不言自明。**

馥微也寫下一個特別的例子，她提到班上的飛毛腿A同學，因為在運動會上想要突破個人短跑的秒數，比賽時間與大隊接力衝突，不得已婉拒了班上大隊接力的邀請，全班也尊重，並且祝福他。沒想到運動會當天，有同學扭傷腳，大隊接力人數不足，A同學毅然決然放棄個人項目，回到班上幫忙跑大隊接力，他的決定感動了全班的同學。馥微進而寫出自己的看法：當個人在團體中的位置能夠被他人取代時，便以個人利益為重；當個人在團體中的位置無可替代時，維護團體捨我其誰。

**透過兩種情境下的權衡，進一步思考個人利益、團體利益的取捨，精采的故事引人入勝，結尾更能自然而然的帶出想表達的道理！**

議論導向的題目看似嚴肅，但其實透過舉例便能夠帶入自然輕快的氣息，經由不同角色的轉換，加上過程的領悟與思考，再嚴肅的題目都可以變成你的主場，任你展現寫作實力！

輯二

# 這樣下筆，寫作新方法陪你擊破難題

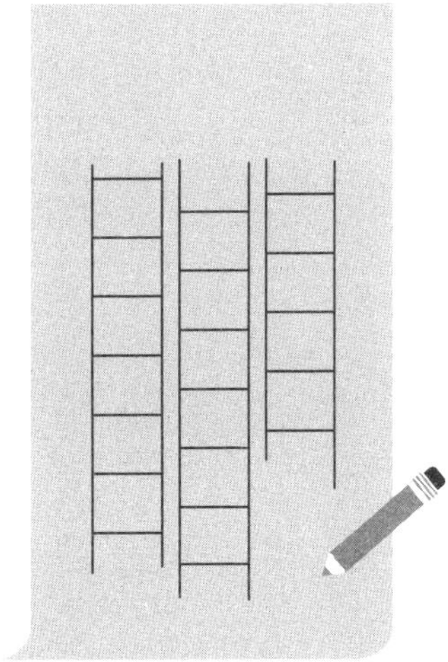

# 處理錯別字的三把鑰匙

## 解決錯別字問題

幾項看似困難其實簡單的作文問題裡，錯別字絕對名列前茅。「早知道這樣處理錯別字就好了！」學生們在聽完我對錯別字的說明，也曾發出過這樣的感嘆。那麼，關於錯別字，我們今日就來聊聊吧！

透過這篇文章，我想要與你分享：寫出正確的字為什麼這麼重要、如何有效訂正錯別字、如何不讓錯別字問題影響作文進步。列點說明會清楚一些。

### 一　寫出正確的字為何這麼重要？

依靠電腦打字的文字創作，不會的字可以查找，但需要手寫的考試作文，考的就是自己腦海中的詞彙量與字形了。「錯別字對考試的影響真的很大嗎？」這個疑問縈繞著好幾屆的學生們。

國中會考的作文，官方給出的回應是「針對錯別字的部分，閱卷委員將對照評分規準中各級分『錯別字、格式及標點符號』的敘述來作為評比的依據，不會再行額外的扣分。然而，很明顯地，由於錯別字很可能會影響寫作品質，考生應避免寫錯別字。」而高中的國文寫作測驗，官方的答覆則是「會再視字數是否符合要求，錯別字是否過多，斟酌扣分。」這大概就是目前錯別字之於考試的現況。

每每在批改作文，正被其中的節奏牽引，逐步進入作者構築的世界時，錯別字就像是鬧鐘，將我從想像中喚醒，催促我跳脫出文章情境，「我對生活充滿著慟景與期待」（憧憬）、「經經計較的個性」（斤斤）、「次激的冒險」（刺）、「低著頭沒沒離開」（默默）、「只需要花廢兩個小時」（費）、「兩者相去剩遠」（甚）……修改錯別字時，往往還要揣測作者本來想用的字是什麼，此時別談什麼感受情節鋪陳了，只能回到現實把這些錯別字一一揀出。

同時筆跡與文字其實也暗示作者言談的可信度，我們總是傾向於信任看起來更嚴謹的事物，閱讀文字、接受訊息時也同樣如此，因此錯別字對於讀者在接受文章訊息時，會造成不小的干擾。

## 二　如何有效訂正錯別字？

### （一）製作錯別字訂正表

為自己打造一個方便蒐集與考核錯別字的表格，不妨參考此章節附錄的表單，將考核方式也列入表單功能，方便進行複習。

### （二）蒐集、複習、考核

試著將自己的錯別字摘錄下來，並且可以遮起表單左邊欄目，直接拿起筆來寫出答案，眼到、手到是最有效率的處理方式。

### （三）常用字優先記誦

剛開始整理時發現錯別字很多，一時處理不來怎麼辦呢？先從自己使用頻率最高、錯最多次的錯別字開始練起，再擴及到比較少用的字詞，逐步完成，不要著急！

## 三　如何不讓錯別字問題影響作文進步

**（一）平時練習：大膽用字，不會的字先用注音**

平常練習時不要因為擔心錯別字，只敢運用一些有把握的字詞，不妨先大膽的使用，擴充自己使用的詞彙，即便先以注音標示都沒關係。切記不要邊寫邊查字典、查手機，完成全篇作品之後，再一起查找正確的字詞，並且順便將其記錄在錯別字訂正表上。

**（二）修改作文：將錯別字問題獨立出來**

常常看到學生收到批改後的作文，看見作文上滿是紅筆圈起的錯別字，就害羞得只想將作文塞回包包裡。但千萬不要這樣想，我們可以把錯別字視為作文問題的其中之一，當要修改其他作文問題時，請先將錯字問題暫且擱置，一碼歸一碼的處理，不要困陷在錯別字問題中而裹足不前！

錯別字彷彿西瓜子，打斷我們享用甜美果肉的好心情，不妨試著透過這三把鑰匙來面對，讓自己流暢生動的文字，不被錯別字所干擾，讓作品得以更加完整的呈現在讀者面前吧！

附錄

（將錯別字以注音呈現，方便後續自我考核）

（圈出錯別字、訂正正確字形）

| 考題 | | 訂正 | |
|---|---|---|---|
| 例 | 旅遊ㄕㄥˋ地 | 例 | 旅遊勝地 |
| 1 | | 1 | |
| 2 | | 2 | |
| 3 | | 3 | |
| 4 | | 4 | |
| 5 | | 5 | |
| 6 | | 6 | |
| 7 | | 7 | |
| 8 | | 8 | |
| 9 | | 9 | |
| 10 | | 10 | |

# 藍圖未成不要貿然開工

## 原來架構是這樣組建出來的！

「你的這一段內容，最主要想表達的重點有幾個？各是什麼呢？」這句話常讓學生愣在當場，彷彿這個問題他們從未想過似的。

這樣的反應看似難以理解，但其實許多時候我們也往往沒有仔細思考過自己各種行為的目的，像是很少想過「為什麼我會對他人的這句批評有這樣的反應？」、「為什麼我選擇學習這項樂器？」、「為什麼我習慣用這種情緒來面對新事物？」讓許多反應流於慣性，模模糊糊照著習慣做便是了。

但如果寫作的時候沒有先想出一個大概的架構，沒有想過自己要寫什麼、怎麼寫，常常會不小心讓文章太慢進入重點，或者是收尾太過急促，更有可能讓文意不停的重複，甚至是偏題了還沒有察覺。所以我會鼓勵學生們，提筆為文前，可以先在紙上或腦海中畫出藍圖，用更理性、有規律的方式，將思緒整理一番。而我是這樣陪伴學生組織架構的：

## 一　先審題

作文考題的指令通常很明確，舉用一〇九年會考的作文題目為例，說明文字是「開一家店，可能是為了實踐某個夢想，也可能是為了滿足生活中的各種期盼。你想開一家怎樣的店？為什麼要開這家店？它又是什麼樣貌？請以『我想開設一家這樣的店』為題，具體寫下你的想法。」我們可以歸納出題目的要求是要具體說明「想開一家怎樣的店？」、「為什麼要開這家店？」、「它又是什麼樣貌？」這三個問題。

## 二　將審題重點放入各段

接著可以開始設想各段名要回答哪些問題，也就是開始將上述三個問題，放進預想的段落中

若以四段為例，第一段可以放入一個精采的開頭，運用精采的譬喻，或

是一組排比句，甚至是簡短精采的摹寫都很合適，慢慢引導讀者進入主題。

第二段、第三段則會是全文的主段落，所占篇幅會最長。如果擔心自己作文鋪墊太多，或是擔心結尾匆促，可以在第二段篇幅的一半之前便進入文章主軸。同時全文的所有重點最好在第四段之前就交代，讓第四段可以更有餘裕的進行總結和延伸。

將審題後的重點放入各段落：

第一段：摹寫法開頭
第二段：說明想開一家怎樣的店？說明為什麼要開這家店？
第三段：舉例說明店的樣貌
第四段：總結全文

## 三　設想各段落的具體內容

許多同學的段落規畫只到第二步驟就結束了，也常常會跟我抱怨「老師，規畫架構沒有幫助！」其實這是因為缺少了最重要的步驟：規畫具體內容。

加入自己想要列舉的事例、畫面，讓寫作構想變得完整，下筆時得以一氣呵成，才是架構最有幫助的地方，完成第三步驟的架構圖如下：

第一段：摹寫法開頭（加入開店畫面）

第二段：說明想開一家怎樣的店？（評估個性跟生活習慣，為現代人找尋適合寵物的寵物配對店）說明為什麼要開這家店？（讓生活習慣相近的寵物、飼主，能夠互相陪伴；讓動物有人認養）

第三段：舉例說明店的樣貌（1. 喜歡運動的 YouTuber→活潑的米克斯狗 2. 對貓毛過敏的插畫家→聰明冷靜的蜥蜴）

第四段：總結全文

有了這樣的規畫，文章的雛形已經大致完成，接下來就是提筆開始寫作啦！

架構像是施工藍圖，許多學生也會在規畫架構時，發現手上材料的貧乏，或是發現自己的例子並不符合題目的要求，甚至是各段內容沒有交集，幸而能因此趕緊更換題材。

「知道自己有多少黏土，才能確認自己可以做出怎麼樣的作品。」這是我常跟學生所說的一句話，透過有意識的統合材料、檢視事例，對文章有全盤的掌握，也等於是把「整篇作文」這樣一個大問題，劃分成幾個小等份逐一處理。

同時，學習寫架構的最大的益處，在於讓我們更有意識地進行寫作，既能用三十字說一個故事，也可以用六百字說一個故事，條理明確清晰，字數能收能放，對於結構本身有更全面的掌握。

用這樣的方式來規畫自己的文章，也能夠用架構的概念來閱讀他人的文章，尤其在閱讀理解題型為國文考試重點的今日，用架構來解讀文字，更能夠掌握文章的核心，讓寫作、閱讀兩種能力彼此相輔相成。

# 跳出教室找故事

## 挖掘創意題材

「這次是關於課業的描寫嗎？」改過這麼多作文，當題目與突破困難，或者是題目與獨處相關時，以課業作為題材的作文總是占了大多數。

學生聽見我的詢問，回過頭看我，理所當然的點點頭。

「因為暫時沒有想到別的材料。」

「課業作為題材，想要寫得好其實不容易喔！」

雖然每個人的經驗與稟賦不同，但對於學生而言，課業是每天睜開眼睛一定會面對的問題，每每在召喚題材時，總是搶先跳入思緒。

「真的嗎，老師？大家寫課業都很像嗎？」

「那我們來玩個遊戲吧！我來猜猜你會寫些什麼，看看我能猜中多少。」

只見學生露出一副懷疑的表情，那話不多說，我就直接來挑戰看看啦！這篇作文題目是〈難關當前〉，面對課業的難關，許多畫面簡直像是打卡熱門景點一樣，幾乎人人都寫。

「我想想，作文會寫到你考差了心情不好，同學會來身旁安慰你，回家之後挑燈夜讀，終於突破難關。有沒有哪一項是你想寫，但我沒說到的？」

他驚訝地搖搖頭。

「再來講講文章裡的場景，要嘛就是老師唱名發考卷的場景，又或者是全家人都睡了，只剩你房間的燈還亮著，你正伏案努力讀書。」

只見學生驚訝的嘴越張越大……

「別著急，還沒完，這個故事的『全配』還有，父母親半夜送來切好的水果或飲料，為你加油，或是說幾句話勉勵你。」

「天啊老師，你把我想寫的講完了，還沒想到的也講完了！」

有這樣的歸結，完全來自於批改作文的經驗累積，連我自己也很驚訝，二十篇、三十篇、四十篇的作文一路批改下來，內容的重複性竟然如此之高，彷彿學生們異口同聲地唱著同一首歌。

若想要把課業題材寫好，應該要深究到那個最嚴肅的核心問題：「我們為什麼要上學？」

如果只是抱持著「因為想得高分，所以我認真念書」、「因為考不好家長會失望，所以我認真讀書」這樣的想法來寫課業題材，往往只是套用一個僵化的模式，寫出來的內容別說是打動別人了，連自己都感動不了。

對於「我們為什麼要上學？」這個問題的答案，各學科與領域都有不同的說法與解釋，學生們往往處於接受與吸收的一方，來不及深思，就被紛沓而至的課業，追趕得疲於奔命，匆忙之間找了一個理由搪塞，以至於寫起課業困境如此蒼白。

事實上這個問題，正是適合我們去細思的，每個人的答案都不同。我無法給予學生一個單一的答案，而是準備好聽聽看每個人不同的回答。

學習的目的除了成績之外，其實還有很多很多，像是學習解決問題的能力；覺察自己面對錯誤的態度；從歸納中找出最適合自己學習方法；單純享受學習的快樂；在團隊裡面找到適合自己發揮的位置……等等。這些題材若能深入去說明，都可以是一篇篇獨特的文章。

老實說，直至如今我還沒看過哪位學生在描寫課業困境，能夠精到、動人又有創意的。若是如此，當想要選擇學業歷程做為題材，該怎麼做比較好呢？

最重要的是要展現面對課業困境，得到了哪些領悟，如何看待自己學習的盲點？又是如何說服自己學好這項科目很重要？或者在處理課業問題時，如何重新省視自己的個性呢？每次想放棄的時候又是為什麼堅持下來？展現自己的心境、轉折，並且加上舉例，這些深入的思考，都可以讓文字挖掘得更深。

如果一時之間還沒辦法想清楚這些問題，跳過課業主題另闢戰場，也是一種不錯的方式，我時常推薦學生從人際關係取材。

透過與父母、祖父母、兄弟姊妹的關係，與朋友、師長的相處來尋找題材，討論某個事件，如何反映出你們關係的狀態。又是如何彼此爭執、磨合或妥協、破裂，讓關係有所改變，又從中習得了什麼重要的道理？

例如〈難關當前〉這樣的主題，可以是你想要說服父母，這次暑假由你來規畫家庭旅遊；也可以是你如何與祖父母溝通，請他們尊重你的穿著風格；你如何與兄弟姊妹們一起安排一個節日。這其中不只有生動獨特的場景，展現每個家庭不同的對話模式，學生們往往因為熟悉題材，而更有把握。

# 文字也有聲音與顏色嗎？

## 捕捉記憶的意義與技巧

一整塊的戚風蛋糕作為基底，切開之後抹上香草奶油，放上充滿蛋香的布丁與新鮮水果。關於記憶的摹寫，正如同這樣成為寫作的根基，混融各種巧思與概念，搭配寫作技巧的運用，讓一篇文章像是美味的蛋糕一樣，各種元素相得益彰，並且成為整體。

在與寫作相關的演講之中，開場讓氣氛熱絡起來之後，我所說的第一件事，便是關於如何描繪記憶。

練習描繪記憶之前，更重要的是要明瞭：**我們觀看事物的方式正是我們描寫事物的方式**。文字的描寫其實是展現了我們的審美觀，還有認知，甚至是個性等等許多我們所意識到，甚至是尚未意識到的自我，這是一件獨特而且神奇的事情呢！

如何掌握描述一項記憶的感覺呢？最好的練習方式是針對一項自己如數家珍、為之癡狂，甚至稱得上「成癮」的事物下手。比如對蒐集文具、製作手帳成癮的學生，能寫下對墨水、紙質最執著的迷戀；喜歡看韓國綜藝的學生，則能說出如何花上一周，期待新集數上映的日子。這些感情最豐沛的記憶裡，飽含的情緒早已足夠迷人，像是熱愛籃球的珵安寫下了這樣的文字：「在運球過程中感受籃球的彈性，用手指感觸球皮的紋路，就像在一段喜愛的旋律中跟著音樂跳舞。」這樣的經驗，只有深愛籃球的人才寫得出來！

當選定令我們熱愛與成癮的經驗後，可以在腦海中將記憶關鍵處的動作放慢速度，**用文字寫出慢動作的連續畫面**。選定的材料若是令你深愛不已，其實情感會很自然的與畫面交融。嗜甜如命的我，曾經在散文〈檸檬塔皮之役〉寫過我對於手搖飲的癡迷：

對於甜膩，我總是過度傾心。國中、高中時期的我，提著一杯杯飲料繞過大街小巷，珍珠在吸管中輪番上游，甜飲環繞齒頰，直至口腔最

> 末，如江濤般拍回舌底。紅茶在燈光下透出的琥珀光澤，奶茶那種帶紅的粉咖啡色，滾過黑糖的珍珠亮閃閃，糖漿在杯底晃蕩，如果是透明的飲料杯，我都曾報以欣賞藝術品的眼光。七百cc的大杯子予人強烈的安全感，永遠喝不完似的，又像是某種富裕的標籤，滿足所有的虛榮與升學壓力下的不安。

篇幅裡將珍珠從吸管滑入口腔的畫面，用四個句子慢慢的說，接著將一杯飲料的成分分開來寫，將茶的色澤、珍珠的色澤，杯底的糖漿，運用視覺與味覺的摹寫來展現，最後說明茶飲帶給我的安全感，說明它為何令我難以戒除。

做完這樣的練習後，下一個步驟，可以開始**將相關的事例帶進文章裡**，試著讓時間可以在過去、現在之間自由的跳接。

在我的文章裡，我開始講起高三生活中的壓力，以及甜飲如何成為高壓生活中的綠洲：

那一年我拖著沉重的腳步走過梅川旁成列的欒樹，任由飽脹的頭疼將繽紛的春天反白，維艱的拖出每一個步伐，倚上校車座椅將所有日常事物胡亂攪和成一個夢，睡睡醒醒的嚇著自己。……上午四節課我托著額頭寫考卷、聽課，感覺身體已經放棄抵抗被英數覆蓋的每一日，我再也無法移動自己……不適的時候，幾乎把所有思緒都清空，頭腦昏沉，在每一個白色的疼痛裡面，讓疾病發揚尖銳的一面，不做任何思考與反制，也忽略其他所有煩惱，白，又空無一物。一直是這樣的狀態，直到下午第一節課後才漸漸能站得起來。

站起來到福利社買一杯淺紫色的葡萄果汁，放在桌子右前方，在寫字厭煩的時候喝下一口，感受彩色的世界慢慢回歸。

透過對事物的描繪加上事例的剪接，一段記憶得以透過文字被捕捉下來。這些帶有深刻情感經驗的描寫練習，可以從成癮、深愛的事例練習起。**慢慢擴及到其他各式各樣深刻的情緒，憤怒、後悔、悲傷、痛苦等等記憶**，透過書寫，都能讓我們進一步認識到這些記憶在我們的生命裡如何成形，而且是如何的獨特。

正是透過閱讀與寫作的經驗，讓我發現各家作者的文字像光譜一樣有顏色，有的文字讀來是熱情的橘色，帶著海面的粼粼波光；有的文字是綠色的，如藤蔓那樣交織著新的生命力與舊有的智慧。文字本身也有聲音，有的文字像是曠野傳來的迴響，有的則是靜謐得像真空。下次當你讀起自己的文章或其他創作者的文字，不妨體會看看那些文字各有怎麼樣的聲音與顏色。

同時別忘了，正在下筆的你，以及正在與你對話的我，我們都使用著文字描繪我們眼中的世界。更準確地說，我們正在透過寫作，帶領其他人理解，我們是如何認識這個世界的，這是只有我們各自才能肩負起，無法假手他人的重責大任呢！

## 沒有無聊的議題，只有無聊的寫法

### 舊題材如何創新

「我想煮飯，就進到超市買一些食材……回到家後拆掉包裝，處理食材再把它吃掉，食材和包裝都發揮了它們的功能，但食材消失了，塑膠包裝卻會留存好幾個世紀。」某天一則廣告吸引了我的注意，影片裡一位女子一邊推著購物車述說她的採購心得。

「綠色和平台灣」的這則廣告，講的雖是我早已知道的道理，但透過映襯的手法，食材與包裝，這樣一種主客易位的荒謬——食材消失、包裝長留。讓本來一邊聽著 YouTube 一邊拿著掃把與抹布，忙著打掃房間的我，好像按摩時被揉到痛點一樣，留心聆聽這則廣告的訴求。

「那倒是，我怎麼沒想過呢？」因為偶然受到廣告的點撥，我的環保意識在那陣子特別堅定。

「所以我們一定要節能減碳，愛護地球資源，因為我們只有一個地球。」不過，每當作文題目觸及環保議題，學生作品中大量類似的標語紛呈而出，卻激盪不起我這位讀者心底的一絲漣漪。

北極熊快沒有家了、溫室效應很嚴重、多搭乘大眾運輸工具、記得攜帶自己的環保餐具、海龜的鼻孔插了吸管、死掉海鳥的肚子裡都是塑膠垃圾。這些在作文裡快要成為老生常談的事例，雖然講的是很重要的環保議題，但為什麼會讀來這樣無感呢？

韓非子說過畫犬馬最難的典故，故事是這樣的，有一次齊王問畫家「畫什麼東西最難呢？」畫家認為畫狗與馬，因為人人都熟知這兩種動物。至於妖魔鬼怪，則能隨心所欲的繪畫，因為沒有人見過它們的長相。

環保議題正像這個例子的犬與馬，各界人士不斷提倡，甚至被納入課綱成為教學重點，在生活中不曾缺席，也成為了基本常識。如果作文中只是提倡一些大家所熟知的環保方針，不僅讀來枯燥，作者要說的讀者早都知道了，而且各篇作文的重複性也極高，很難凸顯每篇作品的不同之處。

如果需要觸及環保議題，就請告訴讀者一些他們不知道的事，我的建議是：

## 一　找出新事例

要找出新事例，上網查找資料是非常必要的。

例如太平洋垃圾帶，是指東太平洋從美國的加州到夏威夷州的巨型垃圾積聚，預估範圍有六十七萬至一百五十萬平方公里。環保主義者因此提交了《獨立宣言》，要求聯合國承認垃圾帶是一個新國家，全球已有超過二十萬人申請成為垃圾帶公民，這項運動也促使眾人重新注意垃圾的問題。

近期興起的免費素食主義（Freeganism）是一種反對過度浪費的生活方式。他們透過食用即將過期，或因外觀、成本顧慮被不合理丟棄的新鮮食物，盡力減少不合理的資源消耗，因此常常會看見他們蒐集超市淘汰的剩食為食。此外，如果食物需要透過消費購買，他們便只吃素食，不再消耗任何肉類。

而作家貝亞・強森體認到追求物質的慾望沒有盡頭，從減量垃圾開始，逐步達到「零廢棄物」的生活運動，體驗更富足的精神生活，透過出版《我家沒垃圾》一書，帶動起一股零廢棄物的風潮。

以上這些都是需要花費一些心思查找、閱讀才能蒐集到的相關議題，環保課題既然是一項避不開的常見考題，我建議學生們在平日蒐集一至兩項相關的事例，以便隨時列舉。

## 二　挖掘自己的獨特經驗

像是文章開頭受到廣告打動的事例即是其中之一，我也曾看過學生描寫，因為父親的汽車故障而開啟搭公車上學的生活，從透過公車到站、到校時間來規畫行程，到觀察車上形形色色的通勤人士，發現搭公車不但環保，也能為自己的生活增添更多新奇的經驗。

某次當我看見自己的回收桶內堆滿了咖啡紙杯，突然驚覺只是一周的垃圾量就如此可觀，全台灣這麼多人，如果多數人跟我一樣每天至少用掉一個紙杯，那是多可怕的垃圾數額啊！當下決定開始多用環保杯。

出自於感受與真實事件的例子，裡面有屬於自己的成長與意念，都是有血有肉的事例！

環保議題的書寫既簡單又困難，困難的是如何打動人心，需要衡量斟酌；簡單的是，那些讓文章獨特的線索，其實早已近在眼前。

# 「不完美」才是亮點所在

## 從設計角色，學習人物書寫

當你向他人談起自己的朋友，你會如何形容呢？多數人會談到朋友的個性，像是「她是一個很勤勉有禮的人」，或者是對方的表現：「做事很負責，是我們小組的組長」，或是從外表著手：「他的鼻頭上有一顆小小的痣」或「她的酒窩特別明顯」這些能在簡短的談話裡，馬上能讓人留下深刻印象的句子，成為了我們描摹人物的優先選擇。

為了讓學生們領會如何描摹人物，我常帶著他們在課堂上進行這個練習，題目是〈一個不完美的人〉。

為什麼會選擇這個名稱呢？因為人人都是不完美的，在描寫人物時，不需要粉飾太平的特意遮掩。如果讓人物的特質可以更自然的呈現，甚至是在不完美之處加以留心，更能呈現人物獨一無二之處。

練習的內容，是讓學生們設計一位虛構人物的姓名、外型、年齡、一日二十四小時的時間分配、五個今年的年度計畫、最近一次流淚的經驗和角色心中印象最深刻的一幕畫面。

「十九歲的邱高喜歡穿著籃球背心，背著背包」，「十二歲的秦琴皮膚白皙，又高又瘦，喜歡搖滾樂」，「大學生珈伶每天十二點會準時到學生餐廳搶大雞腿」，「盛利今年的目標之一，是拿到電腦繪圖比賽的冠軍」

隨著規畫，學生們的筆下出現了各式各樣的人物，透過姓名、外型、年齡……等細節的設定，人物的形象也逐步鮮活，好像這個虛構人物真的生活在地球的某個角落。

一開始進行這樣的練習，許多學生無法下筆的理由，是不擅長憑空想像。這個時候許多人會選擇，參考一位認識的人物。我不建議這樣的方式，因為只取材一位身邊的人物，把所知的特徵都描寫下來，依然無法練習虛構人物的方法，也難以鍛鍊想像的能力。

因此，如果遇到不擅長虛構的狀況，不如練習挑選兩位生活中的人物，擷取雙方的特質，練習合併出一位想像中的人物。這樣一來既有一定的資訊可以參考，也運用到了虛構的練習。

接著我們進入練習的後半部，面對「五個今年的年度計畫、最近一次流淚的經驗、寫出角色心中印象最深刻的一幕畫面」構思這些題目時，試著讓人物的行動與他們的特質相互呼應。例如：

興趣是線上遊戲的卓澤，印象最深刻的畫面，是與隊友們相互合作，在遊戲關卡中打敗敵人。

喜歡登山的邱高，最近一次流淚的經驗，是看見新聞上播報山難的消息，發現受難者中有自己認識的山友。

透過個性與行為的聯繫，學生們更能夠進入到虛構的人物世界，思考如何圍繞著人物創造生活片段，加強作品的整體性。只要人物夠立體，其實只要將兩個人物放在一起，便會開展出一個別出心裁的故事，成為一部有意思的小說。

其實這樣的構思過程，也是描寫真實人物的要點，透過寫作〈一個不完美的人〉在實際操作中，學生往往更能明白這些要點的重要之處。

描寫人物的重點，透過以上的練習，我們可以總結兩點：

## 一　從特點描寫著手

無論是相貌、表情、動作、個性、習慣……任何能夠展現人物特點，都是適合切入描寫之處。而如何發現人物的特點，當然就要從平常的留心觀察做起囉！

## 二　讓所舉的事例，與人物特質相呼應

關心環保議題的人，在什麼狀況下會義憤填膺？喜歡閱讀的人，在什麼情境下會欣喜若狂？樂觀的人在什麼狀況下，會特別的悲傷呢？除了觀察，也可以加上自己的設想。時常進行這樣的練習，結合人物的行動與特質，能夠讓人物的呈現更有整體感。

透過這樣的概念來書寫，能夠讓筆下的人物更加立體，也更能有邏輯的表現人物的特質，不會只有大量的拼湊，讓讀者搞不清楚你加入那些訊

息的用意，反而是讓人物在安排之下活靈活現！

### TIP

寫作過程中，對於人物不完美之處的覺察，著眼在人物與眾不同的地方，其實也是練習覺察細節。在情意上的訓練，也能用於啟發學生接受人人都有不盡完美之處，透過寫作看見不完美才是常態！

雖然人物描寫的要點只有簡單兩項，但若能實際操作過一次，感同身受的去了解如此書寫的重要處，更能將方法記得更久。

# 物品沉默的箴言，你也聽見了嗎？

## 從實際用途，過度到抽象涵義

作家簡媜曾在《老師的十二樣見面禮》寫出她帶著兒子至美國遊學的經驗。美國小學的老師在開學之初，如同這本書的書名一樣，送給每位學生十二樣小禮物。其中有銅板、棉花球、口香糖、金線等，看似毫無關聯的物件，背後其實都有特別的用意。

小小的銅板能在公共電話亭打出一通電話，讓人能對外求助，原來老師是透過銅板的功能提醒學生，每個人都像小銅板一樣特殊且有價值。橡皮擦說明犯錯是難免的事，但只要改過後，人生仍是一張用橡皮擦擦去錯誤的白紙。面紙則是讓我們能拿來為別人擦去淚水……十二樣的見面禮，寄託著十二種重要的道理，讓這些生活裡不起眼的小物件，變得不再平凡。

這麼說來，老師的十二樣見面禮，其實就是老師想告訴你的十二個重要的道理。

從簡媜老師的示範中，我們可以發現銅板、橡皮擦、面紙等，物件用途延伸出來的抽象意涵，將能帶來深刻的記憶。

「哪樣東西的發明，最值得人類引以為傲呢？」某次我向學生們提出這個問題。大家紛紛從周遭的事物開始尋找，衛生紙、筆、電燈，通常是最先被提出的答案。衛生紙可以清潔、保持衛生，筆可以用來記錄、書寫，電燈則是照亮黑暗，讓許多工作在夜晚可以繼續進行。

讓我印象深刻的答案是「區間車」，那位學生說區間車除了有交通上的功能外，它的車速適中，讓人在車輛行進間也能留意身邊的田野、溪谷。就像是提醒他在向目標前進的過程中，不要只是低著頭向前衝，同時也要體驗身邊正在發生的人事物。

一一〇年國中會考作文題目〈未成功的物品展覽會〉讓我們從未成功的物品，談談自己的經驗，講講背後的故事，還有從失敗中得到的體驗。

我記得聿承寫的是一次與父親在大溪老街捏陶瓶，兩個人一邊看著陶瓶在掌中慢慢成形，一面愉快的聊天，沒想到就在陶瓶即將完成之前發生了意外。他懊惱的告訴父親「我們花一個下午捏出來的陶瓶，竟然被我壓出一個洞」沒想到父親說，這樣的花瓶才是最特別的呀！父親的話像有魔力一樣，讓他脫離了懊惱的心情。

這個未成功的陶瓶，言淺情深的表達了父親含蓄的愛。表面上兩人討論的是陶瓶，其實讀者都感受得到，其中還有親情的支持，他的父親也像是在說著：只要是我的孩子，只要是我的孩子的作品，我都喜歡。

有一次一位學生寫了一篇文章，名為〈最珍貴的禮物〉她描述一張朋友送的卡片，這張手工卡片上面貼上各種顏色的愛心，並且用水彩畫出漸層的背景，卡片裡面畫了她最愛的卡通人物，是她最心愛的收藏之一。詳細介紹完整張卡片之後，除了「漂亮、好看」便再也想不到形容詞，看起來這張漂亮的卡片跟其他漂亮的卡片沒什麼不同，看不出為什麼是最珍貴的。

究竟卡片的珍貴之處何在？不只是漂亮的外觀和造型，更重要的是這是朋友為她製作的，裡面有著無可取代的心意。因此除了描述卡片的外型之外，還要可以找出其中的用心。

於是學生加入了這樣的內容「『我記得一年級下學期轉學來到這個陌生的班級，你是第一個找我說話的人……』一邊讀著朋友的字跡，還有她寫下的感謝。我注意到這張卡片上黃色與藍色的漸層背景，像是日出時的海面，她還貼心的為我在各個角落貼上了許許多多七彩的愛心，看著每個愛心上面用剪刀裁剪過的痕跡，想到會考前一場接一場的模擬考，她要犧牲多少休息時間，才能完成這張卡片……」

加入了兩個重點的描寫：摘錄卡片的關鍵句、想像朋友製作卡片的畫面，讓這篇文章不是只有描寫實體的外觀，還有這個物件真正可貴的意義。從實體延伸到抽象的涵義，是寫物時很重要的訣竅，也是在生活中體察他人的用心，還有增強感受力的方式喔！

## 運用鏡頭概念寫景物

# 像一位導演那樣構築讀者視野

與其說是用寫作構築出景物，不如說我們是在景物上構築寫作。如果仔細觀察就會發現，電影或戲劇中，除去聲音、旁白與對話，那些視覺為主，映入眼簾的景色，是構成作品的主要部分。

視覺畫面的捕捉，就像是我們在選用景色，將景色轉移為文字，放進作文裡，因而我常常運用鏡頭的比喻，向學生們說明寫景的技巧。

若期望寫好景色，透過鏡頭的概念，我提供兩個容易實踐的技巧，一起來看看吧！

### 一　畫面跳接法

跳接其實就是一種敘事模式，不像是平鋪直敘那樣，把故事順著時間發展從頭講到尾，而是透過畫面的跳轉、切換，讓想要表達的概念更加強化。

作家馮國瑄在散文集《黑霧微光》中的這段文字，就使用了這樣的手法：「記憶如蒙太奇，喪禮前後的畫面，有時會跳來跳去。現在畫面又跳回到媽媽斷氣的當日。那天，外公突然出現在保母家門口，要接我回去。他跨上機車，要我站上機車踏板，機車沿著一條大排水溝往前騎，天空陰陰的，水溝飄出潮味，彷彿快要下雨。結果頭上果真落下水滴，抬頭一看，外公在掉眼淚。」

描寫記憶的過程中，他描寫母親過世當天，外公來接年幼的他回家，以及他在路上的見聞，天空彷彿下雨了，抬頭才發現是騎著機車的外公掉下眼淚。從天要降雨，到外公的淚水，作者將這兩個不同的畫面加以連接，使得兩者融合在一起——雨水降臨前的天色，也是外公即將忍抑不住的悲傷。

寫作時，若能像這樣找到事物之間的相近或對比之處，透過跳接，來連起兩個畫面，便可以在描寫景色的同時，展現自己想要渲染的情緒或主題。

## 二　鏡頭聚焦法

記得有一次，學生馨誼在文章裡提到她的數學老師：「在第一堂課時，老師的手從籤筒中抽出了一根幸運籤，我因此擔任她的小助教。每次數學課上課前，我都會走進她的辨公室幫忙拿一些考卷或作業，我們喜歡聊聊日常的趣事。」這樣的寫法，讓文章裡面的各樣事物都有大致的輪廓，可是卻缺乏了焦點。

於是我跟她說了這樣一件事，法國插畫家桑貝，在他的某些繪本扉頁，會僅用線條勾勒場景，只在焦點上上色。像是一個僅有線條勾勒的舞台上，只有那位演奏者，穿著深藍色的西裝。或是在細筆描繪，但未上色的樹林裡，有一台小小的彩色腳踏車。

全彩的繪畫令人眼花撩亂，他偶爾用少量的色彩，凸顯出畫作中的重點，反而給人一種清新且清楚的感受，很快可以識別出他畫中的焦點。

馨誼在她的作文裡，補上「彩色的部分」，也就是在她與老師相處的大致輪廓中，補上一個清楚的細節：「在第一堂課時，老師的手從籤筒中抽出了一根幸運籤，我因此擔任她的小助教。每次數學課上課前，我都會走進她的辦公室幫忙拿一些考卷或作業，我們喜歡聊聊日常的趣事。像是她在某次上課，因為一時口誤，把『三角函數』說成『傷角函數』，被學生們笑了一整節課。」透過聚焦描寫一件具體的小事，讓老師的形象，因此更加生動，也更容易讓讀者藉此聯想老師幽默的性格。

某個夏天午後，熾烈的陽光，正照在補習班前的整排騎樓上，使得騎樓彷彿鍍上了一層金光，這樣強烈的美讓我那天不斷惦念著。當天下午的課程，我教小學五年級的學生練習摹寫，博滔寫下了這樣的場景：「在人來人往的街道，金黃色的日光灑在人的身上，就有如每人都與佛陀一般，都像散發著光芒。街道上，汽車的吵雜聲是現代街道上的日常。每台車子奔馳在街上，加上紅綠燈紅綠紅綠的閃爍燈，以及射出銀色的光芒的柏油路，永遠是百看不膩的。十字路口旁的一間間店，有綠、有黃、有高、有矮、有小、有大，形形色色的他們每天都在注視著這齣電影，開心的時候便打開大門，有時還會唱出輕快的音樂來叫好。當晚上店家睡了之後，路燈變成了觀眾，努力的照出淡白色的光芒，並讓光線放在高處，重現白日的美景。透過了大家的努力，這場電影永遠都不會結束，但這卻也是一場不曾在電影院裡的完美電影。」

原來下午的陽光，他也看見了！他童趣生動的文字裡，將鏡頭聚焦於各種「光芒」的描寫，在不同光影的描寫之下，街道上無聲的建築物與路燈，正上演一場完美的電影。

# 當電玩遊戲成為熱門題材，你何不寫寫看？

電玩題材這樣寫

「電玩遊戲可以成為寫作題材嗎？」

「很多老師都說電玩遊戲不能寫進作文裡面，你覺得呢？」這幾年被問到這個問題的頻率越來越高。

「電玩遊戲當然可以寫呀，而且連作家們也在寫呢！」電玩遊戲不僅是文學作品的題材，也早已不是新興題材，這怎麼會是個煩惱呢？

但說回我自己學生時期沒有接觸過電玩，畢業至今又被許多興趣分去休閒時間，只有在過年回老家時，全家人才會聚在一起玩 Switch 的《超級瑪利歐派對》或《健身環大冒險》，為那些生動的遊戲笑得東倒西歪。

就是個遊戲而已，對於電玩發展我一直沒有太過留心。

第一次為電玩驚豔，是在疫情期間閱讀到作家李桐豪的散文〈在薩爾達曠野散步〉，他提到電玩《薩爾達傳說》的美術設計極佳，也融入了當時大不列顛的貴族青年們闖蕩世界的壯遊情懷。尤其遊戲海報的設計：主角站上高崗眺望四野，是在向德國浪漫主義畫家弗里德里希的作品〈霧海上的旅人〉致敬。

看到他寫「精美到可當螢幕桌布的畫面皆呼應當時的繪畫美學與時代氣氛，尤其是那些不厭精細的高山曠野風景，太逼真了，逼真到荷蘭TU Delft大學有個好事的教授哈特（Rolf Hut）做了一份網路問卷，遊戲中的景觀與加了濾鏡的真實地質地貌並置，多數人難辨其真偽。」原來遊戲裡面有著如此逼真的世界，隨著人類生活經驗與科技的交集益發密切，電玩世界早已成為多數人重要經驗。

「這款遊戲名為傳說對決，這種遊戲就是現在最經典的五V五競技，這種遊戲兵分五路：輔助、打野、中路、魔龍路、凱撒，而我最喜歡的是中路，他們幾乎就是手上都沒武器，是法師型的人物。」回到作文課堂，常常會看到這樣的描寫。

等等！等等！每個字單獨看我都認識，但是放在一起卻彷如天書！什麼是五V五？輔助、打野、中路、魔龍路、凱撒是什麼？什麼又是法師型的人物呢？

遊戲的種類如此之多，如果想要讓非玩家體驗這個炫目的數位世界，沒有用一本小冊子一定說不完吧！那麼在這短短的寫作篇幅裡，如何讓讀者不要滿頭問號，更加順利的進入你的描述情境呢？請試著運用下面三個方法：

一、**去掉所有專有名詞、術語，用畫面呈現**

二、**遊戲規則只講重點**

三、**運用想像力、經驗，補充角色人物的感受細節**

尤其是一、二兩個方法不僅是電玩，美術、動漫、音樂這類比較專業的領域，都要依循這個道理。

與學生為樺討論之後，他將原本艱澀的敘述加以改造：

在戰場上，我拿著一把被火燃燒成的寶劍，並背著一對一搧就能生火的翅膀，大聲的叫著：「殺戮！開始！」這時巨大的岩石怪，一個拳頭揮過來，我把劍甩出，下一秒他就中劍倒地不起了！這就是我最喜歡的遊戲——傳說對決。

傳說對決的規則，是攻破對手的基地，就可以贏得勝利。一隊有五名成員，每個人各有三個招式。遊戲中，我的角色是刀鋒，我喜歡穿上朱紅色的長袍，身後有一隻鳳凰翩翩飛舞。當我砍殺敵人時，鳳凰會張開翅膀，散發五顏六色的光芒，彷彿在為我打氣。

透過將技能的說明、遊戲的說明簡化成「傳說對決的規則，是攻破對手的基地，就可以贏得勝利。一隊有五名成員，每個人各有三個招式。」著重在描寫使出技能時的場景，讓讀者能夠體會遊戲當下的見聞。

筆下的記錄畢竟不是遊戲說明書，寫出眼睛所看見的畫面與聲光，這些心理的震撼，正是遊戲最吸引人的地方：

……憤怒的敵人看到我軍來襲，嘶吼著拿起長矛、槍械傾巢而出，我也拿著武器衝鋒陷陣。先朝左邊一刀砍下敵人的手槍，對方張大著嘴不敢置信，瞬間成為我的刀下亡魂。正當我鬆了一口氣時，敵軍竟然已將我包圍。既然逃不掉，只好正面迎擊。我先朝右邊使盡全力揮出幾刀，汗水濕透我的背脊，武器的碰撞聲不絕於耳，「冷靜！找出他們的破綻！」我叮嚀自己，再從敵人右側要害攻擊，沒想到，我把五個對手全部打敗，在遊戲中，我們稱為「五連殺」，是非常厲害的絕招，這是我最驕傲的一刻。

方法三「運用想像力、經驗，補充角色人物的感受細節」，在上面這段練習也得到了充分的體現，敵人張大嘴巴不敢置信的表情（視覺）、我溼透的背脊（觸覺）、戰場上的武器碰撞聲（聽覺），都增強了遊戲場面的真實感。

透過以上三個方法的運用，讓電玩場景順利地融入你的筆下，也能透過文字帶領其他人，進入令你流連不已的異次元。

# 被預告片騙進電影院的人請舉手

## 預告片般的精采開頭法

主角騎著輕型摩托車在森林疾馳，衝向懸崖邊再轉彎急煞。隨著主角的視線往下望，發現再往前一釐米就要墜下山崖；此刻眼前是山谷間寧靜的平原與曲折的火車軌道，遠方連綿的翠綠山巒峰頂還有著未化的積雪。下一秒主角在窄巷奔跑，像是被不知名的怪物追趕；再下一秒他在火車頂使出飛踢，與敵人肉搏；最後他騎著摩托車躍下萬劫懸崖，不知有無生還的可能。

一分鐘不到的時間裡，各種刺激的情節輪番上演。誰追趕著主角？他為什麼要躍下懸崖？為什麼要在火車頂上搏鬥？勾起了我的好奇，也成功吸引我的注意力，我用最快的速度上網買了兩張電影票答案在今晚的戲院裡，我迫不及待想知道！

這個時常在我的生活中發生，被預告片催趕著進電影院的經驗，是否也經常發生在你的生活裡呢？其實一篇文章的第一段，正如預告片一樣舉足輕重，文章的開頭並不只是一個無聊的既定形式，反而可以埋下伏筆、製造懸疑，產生讓讀者迫不及待的想往下閱讀的吸引力。

我們先來聊聊一般常見的作文開頭吧！如果以一一〇年國中教育會考作文題目當作例子，如下圖：

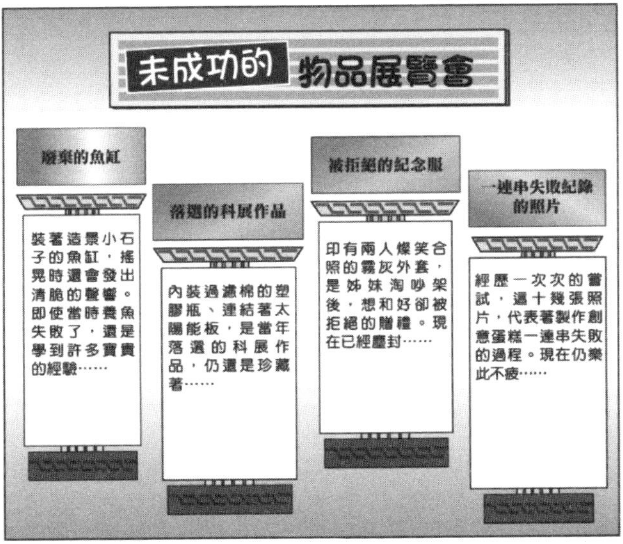
未成功的
物品展覽會
廢棄的魚缸
裝著造景小石子的魚缸，搖晃時還會發出清脆的聲響。即使當時養魚失敗了，還是學到許多寶貴的經驗……
落選的科展作品
內裝過濾棉的塑膠瓶、連結著太陽能板，是當年落選的科展作品，仍還是珍藏著……
被拒絕的紀念服
印有兩人爆笑合照的霧灰外套，是姊妹淘吵架後，想和好卻被拒絕的贈禮。現在已經塵封……
一連串失敗紀錄的照片
經歷一次次的嘗試，這十幾張照片，代表著製作創意蛋糕一連串失敗的過程。現在仍樂此不疲……

如果邀你省視自己的過往，參加「未成功的物品展覽會」，你準備放入一項什麼樣的展品？在外觀上，它有何特別之處？在情感上，它對你的意義又是什麼？請寫出你的經驗、感受或想法。

許多學生會選擇這樣寫第一段：

每個人成長的過程中，都有許多未成功的物品，像是廢棄的魚缸、落選的科展作品、被拒絕的紀念服、一連串失敗紀錄的照片……等等，如果有一場「未成功的物品展覽會」，你會準備放入一項什麼樣的展品呢？

這樣的寫法通常是還沒想到要寫什麼題材的時候，先用換句話說的方式，將文章說明文字重複一次。這樣的寫法雖然輕鬆，卻無法勾起讀者繼續往下探究的念頭，也難以展現自己在取材上或是文字上的優勢。同時也非常缺乏創意，一個三、四十人的班級裡，我能改到七、八篇這樣開頭的作文。

那麼，該從何下筆比較好呢？其實若是能在第一段下筆前，先想好架構與取材，想清楚整篇文章的規畫會更好。接著選取一個精采的場景，放到第一段進行描寫。

描寫的方法是盡可能透過視覺、聽覺、嗅覺、味覺、觸覺五感來勾勒畫面，也點出你想要書寫的主題，這樣的開頭會更加有特色，例如：

在電腦螢幕上有數十張照片，隨著連續播放，成為短片一般。短片裡我的頭隨著每天拍照的姿勢不同，輕輕的左搖右晃；萱時而噘嘴時而微笑，洋溢著歡快的節奏，那些日子像清澈小河一樣晶晶閃閃。我將這些滿載回憶的半成品，帶到未成功的物品展覽會……

既生動的寫出了照片裡面「我」與萱各種的表情與動作，同時也點出對於作者而言，未成功的物品是照片。然而這些生動活潑的照片為什麼成為未成功的物品呢？那就要繼續往下讀才能明白了，這樣的伏筆也能夠加強讀者繼續往下閱讀的動機。

畫面的選用與描寫，在構思上比起想出適合的比喻，或者名言佳句更不費時也更加自然，多練習便能運用自如。

如果想要挑戰進階的做法，我們可以進一步「以觸覺與嗅覺開場」，因為這樣更能為首段帶來新鮮感，我們來看看睿暘寫的第一段：

在一陣風吹過臉頰的那一刻，青草香味撲鼻而來，外婆家的風鈴也開始叮叮噹噹的唱起歌來，順著草香的方向望去，在正前方有一棵壯碩的大樹，在上面正是我花了三個月才做出來的樹屋，那兒令我放鬆，也令我留戀。

文字讀來清新宜人，喚醒更多感官的記憶，這又是為什麼呢？因為多數的摹寫主要以視覺為主，人們比較習慣描寫雙眼所見的繽紛世界，同時這兩種感官被提及的機會相對較少。嗅覺為主的文學作品也較為鮮見，如徐四金的《香水》寫的便是主角葛奴乙因為身上沒有氣味，展開對香氣的追尋，小說裡盡是對於嗅覺的發現與探索，描寫獨樹一格。所以在寫第一段的時候，若能運用觸覺、嗅覺打頭陣，對讀者來說更有新鮮感。

第一段的重要性就如同電影的預告片一般，透過精采的描寫吸引讀者走進文章，釐清內容，解答第一段引發的疑惑。透過感官的描寫，能使第一段變得生動，也更具有文學性；若能著重觸覺、嗅覺的描寫，文章也將更令人印象深刻。

# 圖表題是會考作文大魔王？

## 精準拿捏圖表題

一一二年的國中會考的作文題目（見左圖），首次出現圖表題，成為當時各界矚目的焦點，被看作是作文題目形式上的創新。其實將圖表題融入作文題目，既符合生活化的原則，又能考驗學生將圖表轉化為文字的能力，是很理想的考試型態。

在面對圖表題型時，我們應該如何辨析題型，寫出理想的作文呢？不如透過這次的會考題為例，一起練習如何判讀圖表吧！

先讓我們針對圖表的主題進行解讀，「影劇類型」便是只要與影劇相關的影片都能入題，電影、連續劇、動漫……只要有相關的觀影經驗，無論是老師在課堂上放過電影，從電視上、手機上、YouTube、Netflix 看過，

請先閱讀以下資訊，並按題意要求完成一篇文章。

下列是近年來臺灣民眾最喜愛的影劇類型統計：

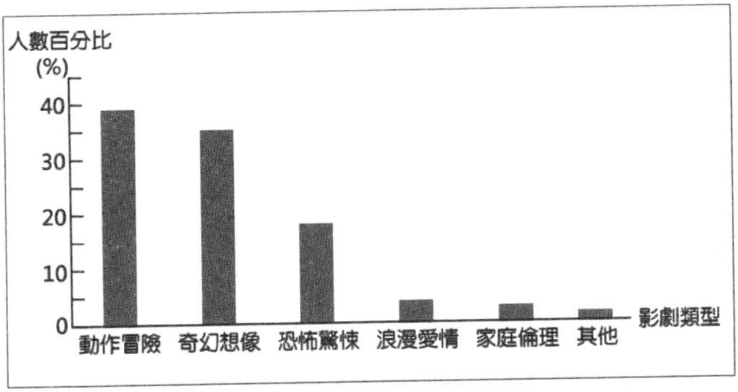


文章整體內容應包含：

一、對於上列圖表顯示的類型喜好，簡要說明你的理解是什麼？

二、將這樣的理解結合你的經驗或見聞，寫下感受或想法。

◎你對上列圖表的理解，可以是針對某一類型的解讀，例如：浪漫愛情電影仍有人喜愛，因為滿足了人們的期待；也可以是多個類型的比較，例如：和家庭倫理劇相比，更多人喜歡刺激的恐怖驚悚劇；或者是其他的想法。

或是在影廳看電影的經驗都能書寫。

根據題目的說明，這篇作文只需要做到這兩點即可：

1. 對於上列圖表顯示的類型喜好，簡要說明自己的理解

2. 自己的經驗或見聞

由於圖表僅有關於影劇類型的統計數字，因此詮釋者擁有很大的解讀空間，而我們該如何解讀圖表呢？

不妨掌握三個原則：最高、最低、最特殊。

應用在實際圖表的解讀：

- 動作冒險一類占比最高，反映了多數人偏愛在情節與畫面上追求刺激、想像或聲光效果，且或許也跟電影製作技術進步有關。
- 家庭倫理一類占比最低，或許反映了台灣面臨的多元家庭型態轉變，電影或劇情片難以符合所有人對於家庭倫理的期待。

• 浪漫愛情類型的電影比例比我預期的低，可見浪漫愛情的型態或許不再是情侶選片的唯一考量，活潑的、刺激的、有趣的電影類型，也可以為約會帶來更多的火花。

根據題目的補充，對圖表的理解可以是對類型的解讀，也可以是對類型的比較。而且無論是談論單部影片展現出的多元類型，或者是單一類型之中的多部電影比較，都是不錯的寫法。

同時，寫作圖表題時，有幾點須要特別注意：

1. 題目若要求分析圖表，則一定要提到圖表，也一定要融入對圖表的解讀。許多學生誤以為開始分析其中一項情況，連「圖表」二字都沒提，就是在解讀圖表了。其實應該要明白的點出「根據圖表中……」、「透過題目圖表的統計，我們可以看見……」這樣的字眼，才是清晰的說法。

2. 要舉例，不要空洞說理：論述何謂愛情片、何謂動作冒險片這樣的做法都太籠統又模糊，應要舉出某部電影，或是某一場景作為例子來說明。

3. 儘快切入重點：與影視作品本身無關的經驗寫太多，如：跟誰一起看影視劇？介紹導演或編劇生平、介紹影片火紅程度的、爆米花好不好吃、電影票多少錢……這類次要訊息占去大量篇幅，也讓文章太慢進入重點。

4. 拿捏事例的縮放，想介紹電影中的一幕便應直接切入重點，而非將電影的情節如流水帳般從頭介紹。

5. 無法統合各段：提出的「經驗或見聞」，與「對圖表的解讀」無關。

其中第五點對於學生而言是最困難的挑戰，對於圖表提出的看法，要能舉出相關的例子來應證，論述才是符合邏輯的。例如我的看法若是「動作冒險一類占比最高，反映了多數人偏愛在情節與畫面上追求刺激、想像或聲光效果，且或許也跟電影製作技術進步有關。」那麼我就要舉出像是「透過電影我進入了刺激的終極殺陣，在逼真的特效與環繞音響下，彷彿真的坐在主角的重型機車後座，陪他在義大利的大街小巷加緊油門，躲避敵人的追擊。」來印證自己的觀點，而非寫下像是「爸爸搖醒我，我才發現電影已經演完，觀眾們漸次離席，我的記憶還停留在主角在義大利的大街小巷加緊油門，躲避敵人的追擊，後來眼皮逐漸沉重，耳畔的轟隆聲效彷彿成了最有用的催眠曲」與自己的觀點相牴觸。

文末附上關於這個作文題目的試寫，化用了前面提到的五點方法於其中，透過實際的練習與明確的方法，圖表題也將不再陌生，期待下次這些用法也能助你一臂之力！

## 附錄

### 一一二年的國中會考作文題目試寫

撥開眼前的奇花異卉，黑夜下一株藍色的小草閃爍著奇幻的光芒，我與主角同時睜大了雙眼，音效波浪似的從四周的音響一陣陣拍打我的耳膜，若不是老爸遞來的爆米花，我還真忘記自己在電影院，而不是在納美人的星球上。在我的影視國度中，結合奇幻想像、動作冒險的電影，一直是我的觀影首選。

穿上制服走向公車站牌，不變的街景與喧騰的人群圍繞在身旁，使盡力氣擠上公車，黏膩的汗水從額頭滲出，人人酸澀的汗味瀰漫在擁擠封閉的車廂裡。水泥灰的冰冷教室裡，我像是一株被種在小盆栽裡的植物，鎮日面對大考前的壓力，寫著成堆的試卷，人人都告訴我未來值得期待，上了高中就能如何如何，上了大學就能如何如何，我只疑惑那麼大的世界裡，哪裡才有我的一片天空？在這樣的枯燥生活裡，我常出神的想像，坐在神燈精靈的肩膀指揮千軍萬馬；或是打開櫃櫥進入動物都能開口說話的神祕世界；或者踩足油門在山區與歹徒展開一場終極殺陣。

汽笛鳴響，我的火車來了，我披上黑色的巫師袍，拿起魔法杖前往位於古堡中的學院，與黑魔法巫師對抗。在那樣的想像國度裡，我可以是任何職業，任何身分，只要願意我就能飛行。因而讓我灰白的生活鍍上七彩光輝的那一刻，便是某個星期五，是父親晚上要帶我去看電影的那個星期五。一整日寡淡的生活成為一段巧妙的序曲，迎接著晚上的高峰時刻。根據〈台灣民眾最愛的影劇類型統計〉圖表「奇幻想像」、「動作冒險」占了最大宗，我想那或許也反映了許多人正如我一樣，對於現實生活充滿厭膩，渴望被精采刺激的影視類型拯救，在那兩個小時的時間裡，像一隻展翅的老鷹，在想像的國度盡情翱翔。

當燈光緩緩亮起，我仍坐在椅子上看著演員名單從螢幕中滑過，除了等待片尾的彩蛋，更多的是捨不得這段令我忘卻現實與時間的旅程。明天醒來，我又將努力擠上公車，努力擠入升學的窄門，但這些如夢似幻的片段，也將根植於我的腦海，在我想要逃離現實的時候，帶我到達那些神祕的花園與神奇的車站，展開另一場想像中的冒險。

## 請進！這是我的畫室與琴房

### 四步驟學會演奏、繪畫的描寫

在音樂教室裡拉奏出悠揚的琴聲；在演奏廳裡接受聽眾的掌聲；在琴房中忘卻時間投入練習；在畫室裡對著空白的畫布揮灑著畫筆；在寫生場地聚精會神的素描一池荷花……許多與生活相關的題材裡，演奏、繪畫是學生們常有的經驗，那麼如何才能將這兩類題材更加生動的表達，讓這些難忘的回憶在紙上重現呢？這裡有一些簡單但管用方法，讓我們更精準的捕捉各種不再重來的瞬間！

**步驟一　畫面描寫**

先試著勾勒出目前所處的場景以及動作，對你來說熟悉的場景、爛熟於心的練習動作，在其他人眼裡不僅充滿新奇，也是一種進入你筆下世界的敲門磚。因此不要吝惜描繪出你在畫室裡面沾取顏料，畫上畫紙的那一刻；或是站上舞台自己如何放下緊張的心情，展現平時練習的實力……透過這些細節構築立體的敘述背景。

## 步驟二　腦海中的想像畫面

演奏與繪畫的完成過程，都需要動用想像力。演奏樂器的時候，演奏者常會隨著音樂裡的情緒、節拍，在心中描繪著想像中的畫面，可能是雄赳赳的閱兵，或是寬闊田野間的一棵昂然的大樹，甚至是火車行駛過寧靜鄉間的畫面。同樣的，在繪畫過程中，我們也是依照心中理想的形貌，選擇最值得描繪的一刻，進而為其挑選表現手法，才透過畫筆一步步的呈現在紙上，描寫這些細節都能為文章增色。

## 步驟三　一個專業人員才知道的細節

當我開始學大提琴之後，才知道空氣的濕度會影響大提琴的木頭琴身，並且進一步影響音色，陰雨天較為潮濕，聲音總像是悶在音箱中，乾爽柔和的天氣中，琴音也特別的開朗。透過這樣的細節，讀者也會感受到新鮮，同時更加了解你所專精的技藝，知道其中的專業之處。

## 步驟四　心情的轉變

練習過程中，一開始技藝不精的緊張，或者是沮喪自己難以進入練習情境，怎麼努力練習都難以上手，直到逐步感到順利，慢慢放下自我懷疑，了解創作時的快樂等等，試著多留心這些情緒，並反映在作品中，都能讓文字更加深刻。

最後一步，將四步驟組織起來，靈活的交錯，便能夠將心靈的圖像與現實的圖像，從筆下鋪展開來，透過以下演奏、繪畫分別的示範，我們來看看寫出來的效果如何。

### ・描寫音樂的示範：

（**步驟三**）拿起木柄的軟毛細刷，撢去琴頭螺旋木紋上的細塵，順勢拂過了琴頭與指板，用琥珀般碧綠色的松香，來回刷動弓毛。（**步驟**

一）我坐在椅子上，將琴身斜倚在胸口，翻開密密麻麻的樂譜，心裡計算著這首曲子的節拍快慢，也辨識了開頭的升降記號。（**步驟四**）一開始練習的不順利，讓我有些心煩，在換弦時總是會中斷音樂，即便只是微弱的 0.01 秒卻十分突兀，在針對不流暢的地方反覆練習幾次，只能無奈的連連嘆氣。幸而開頭的幾個小節我一練便上手，將一串串音符組合起來時，有種奇異的感覺，好像平面的音符，在我拉出的音樂裡面立體的跳動。（**步驟二**）隨著抒情的節奏，我彷彿看見旋轉階梯旁的紅布簾緩緩拉開，一場溫馨的舞會展開序幕，所有人都難掩期待，等待著與心愛的人緩緩跳起華爾滋。

### • 描寫繪畫的示範：

（**步驟二**）整理腦海中的記憶不如想像中簡單，我想起了昨天下午在公園野餐時的喧鬧笑語，思考著該什麼樣的景色作為畫作焦點，可能是追著泡泡東奔西跑的妹妹，又或者是戴著大草帽穿著洋裝的母親，也可能在一旁到處嗅聞的小白狗。（**步驟一**）我拿起黑色的畫筆，加深草稿上的筆跡，描出妹妹那件繡有櫻桃圖案的花裙，用亮黃色與白色在調色盤上調製出她專屬的檸檬黃，她的笑聲隨著畫面漾開來。（**步驟三**）接著，我用藍色水彩暈染天空，再用紙巾壓印吸取顏料，露出白色的底色，作為白雲，（**步驟四**）本來還苦惱著要如何完成這一大張的空白紙，隨著空白的部分逐漸被填滿，逐漸有些不捨，不捨這份作畫的快樂即將結束。

透過這四個步驟，我們將演奏樂器或是完成繪畫的過程中，那些剎那即逝的想法，同時也將創作、學習過程的各種苦樂，透過文字重現。這樣的文字將如同一台魔幻攝影機，不只記下了創作的外在畫面，也記下了內心思緒的種種流動。

# 在平易裡擦出新奇的火花

## 換俗套成新語

掀開保溫布，店家在蒸氣之中鏟起晶瑩的白米，在碗中攏成一座小丘，長柄湯杓在肉燥鍋裡一舀，褐色滷汁均勻的灑在小碗裡，鋪上半碗魚鬆，夾上甜醃小黃瓜與蒸花生米，一碗銷魂的台南米糕即刻上桌。

在閒暇之餘探訪各地美食是我的樂趣，為了好吃的米粿、米糕、鹹粥、紅茶冰、鱔魚意麵，專程搭高鐵南北來回也是常事，觀看美食節目或是網頁上對於美食的分享，也成為我忙碌生活的安慰劑。

「哇！這個糯米粒粒分明，醬汁甜而不膩，香氣濃郁，吃起來很有層次。」主持人一邊大口吃下米糕，一邊說出感想。我不禁有點失望，如今在日常生活中我們能形容美食的詞彙，似乎就是這些，沒有更多了。

如果所有的米飯吃起來都是「粒粒分明」，所有的醬汁都是「香氣濃郁」，所有的傳統美食都是「古早味」，所有味道繁複的食物都是「有層次」，有筋性的食物都是「QQ的」，我們怎麼知道它們個別的特色是什麼呢？當我們只習慣使用這些固定的詞語，文字語言便難以為讀者打開認識事物的窗口，相反的，更像是將各富特色的事物，粗糙分類之後關進小小的集中營裡。

當作文需要寫到關於美食的經驗時，看著食物製作過程不由得「垂涎三尺」，當美食在眼前等不及要「大塊朵頤」，這兩個成語的運用，不知不覺也成為學生的寫作公式。

看見學生一路鋪寫自己學音樂的過程，從彈下第一個音開始，到能夠奏出第一首流暢的樂曲，一路練習到第一次上台參加檢定，最後以「我如癡如醉的沉浸在音樂的桃花源裡」作結，也暗暗覺得可惜。

「哈利波特花費九牛二虎之力打敗敵手」與「一道閃電從哈利波特的魔杖射出，直擊敵人的胸膛」哪一個形容會更加吸引你呢？後者更能帶來新鮮的刺激對吧？這是為什麼呢？

因為許多詞語剛被創造出來的時候，展現無窮的生命力，帶來閱讀上的新鮮感，彷彿在沉悶無聊的語境裡，開啟了一個新的空間，大家紛紛呼朋引伴的前來駐足、參觀、運用。久而久之它隨著被使用的頻率增加，終於歸入常用詞語的一部分，不再為人們帶來顫動與新奇，甚至成為了「俗套」。

那麼，到底要不要學成語、諺語呢？這是許多學生、家長的疑惑。能夠運用成語或是俗諺，是讓作品更加豐富的寫作手法，尤其這些語詞也是文化的結晶，我們當然要學成語、諺語，但也要培養對於詞語的敏銳度。要怎麼培養對於詞語的敏銳度呢？下面是我常常用在自己身上的方法，提供給有志寫作你來參考：

## 一　多讀新書

開始寫作後，我養成大量閱讀的習慣。經典文學需要閱讀，但同時閱讀新出版的文學作品，也為我的寫作帶來莫大的助益。透過現代散文、小說、新詩，看看文學這艘飛往永恆的火箭，目前飛行到哪個階段，看見當代作家在使用語言上的嘗試，從中拓展眼界，也得到更多創作上的啟發。

## 二　直觀描寫並且依情況增加詞彙量

除了運用成語、諺語之外，別忘了也要時時挑戰自己透過直觀的描寫，用自己的詞彙去描述人事物，不要假手成語及諺語。評估看看目前自己的詞彙量，是否足以有創意、深入的、有美感的表述自己想說明的狀態，如果詞彙量不夠怎麼辦呢？回到第一點透過閱讀與筆記，現代文學將是你最好的範本！

## 三　有意識的代換常用的成語

回過頭看看自己寫過的文章，有沒有哪些成語或俗諺是你常用的呢？試著替換掉這些常用詞，試試看還有那些能夠描寫的文句。透過這樣有意識的檢視自己的文字，文筆定會因此更加進步喔！

在教學現場越久，學生們表達僵化的問題越令我擔心，部分學生像是被禁錮在這些成語或俗諺中。僵化的詞語讓我們錯過許多新生的驚奇，「世界太新，很多事物還沒有名字，必須伸手去指。」馬奎斯在《百年孤寂》的這句話說得真好，這個世界永遠是新的，而新的眼光、新的文字，將是我們看見新世界的最佳途徑！

## 輯三

# 這樣修改，用巧勁讓作品更進階

# 踩下油門吧！最令新手駕駛頭痛的行車起步

## 開啟段落的三口訣

站在捷運站的空中走廊往下望，涼風徐徐的河堤旁是一所駕訓班。畫上白色標誌的各種線路上，好幾台白色小汽車緩緩的在道上練習前進與倒車入庫，俯視之下好像玩具一般。朋友一邊看著那些小汽車，一邊告訴我他的學車經歷：「起步前要克服心理障礙踩下油門，那是最可怕的。」

我在腦海中搜索一番，發現起頭在寫作中的難度，也是不遑多讓啊！學生們叫苦連天的話題也是關於如何開頭，如何寫下段落中的第一個字，以及第一句話。

常看見學生們寫完題目後，雖已經想好各段的安排，卻遲遲看著稿紙下不了筆，總覺得第一句話怎麼寫都怪怪的。其實對於寫作新手而言，開啟段落最簡單的口訣是**「時間、地點、一句話」**這三種方法。

假設這一段落要寫出自己賴床的事例，運用這三種開頭方式，便能夠呈現如下的表現方式：

### ‧以時間開啟段落

1. 太陽在天上散發著豔紅的光與熱，我翻了個身看見桌鏡上反射而出的刺眼陽光，像是一把箭精準的射至我的眉心。糟糕！時候不早了！我從床上躍起，飛快的換好制服衝下樓，今天又要遲到了，我懊惱的跑出家門……

2. 這個早晨，如同以往的每個早晨，我匆忙的套上制服，在上學的路上疾行，並快速的彎進便利商店抓了一個飯糰、一杯豆漿，趕在鐘聲響前衝進教室。賴床是我難以克服的缺點，每天上學我都像是在挑戰魔王關卡一樣，如此狼狽……

### ‧以地點開啟段落

1. 街道上，一個穿著學生制服，背著書包的學生，砰的關上車門，頭也不回的奔入校門，但她仍然比鐘聲晚了一步。沒錯，這就是我，每天睡過頭的我！

2. 走廊上，我躡手躡腳的繞向教室後門，一面慶幸站在講台上開始講課的老師沒有看到我，根據計畫，我該趁老師轉頭寫黑板的時候，溜到倒數第二排的座位上。睡過頭在第一節課進教室，是我經常面臨的挑戰……

## ・以一句話開啟段落

1. 「現在幾點啦？」我揉了揉惺忪睡眼，一面拿起手機，什麼！這麼晚了！慌忙衝進浴室胡亂漱漱口，衝到衣櫃拿出制服與襪子，一面回想自己剛剛到底按掉多少鬧鈴。這麼多次了，怎麼老是學不乖，我賴床的毛病成為自己最大的困擾……

2. 「我不可能幫你請病假，哪有人睡過頭在裝病的！」眼看老媽不顧我苦苦的哀求，我只好哭喪著臉快速梳洗一番，小跑步到公車站牌等車，滿腦子都在想著等等要怎麼跟班導解釋，唉！早起對我來說文章開頭往往令許多人裹足不前，但透過這三種模式，可以更自然的開啟文章，並且帶出當下的情境，讓文字更自然的往下鋪展。

同時也可以以此挑戰自己，進行段落開頭法的練習，去激發出更多更有創意的開場方式。例如賴床的第一個畫面不一定要在床上，可以在趕車的街道上、遲到的教室裡，也可以是趕赴學校的車陣中；時間點也不一定要從起床的那一刻，以順敘法往下寫，也可以從因為遲到承受苦果的那一刻寫起，倒敘回自己賴床的早晨。

開頭寫法有許多種，遠比我們想像的多元而且活潑，當「時間、地點、一句話」這三種開頭法都運用得得心應手之後，不妨再想想還有哪些更有巧思的開頭法，研發出屬於自己的獨門絕技，讓文章從第一個字就開始吸引眾人的目光吧！

# 提升文章完成度

## 兩妙招，讓寫作能力躍出新手村

如果作文有攻略，常常看學生寫作文像是在新手村練習，等待累積經驗之後，可以跨越這些基本關卡，體驗更進階的遊戲經驗，然而有時卻因為無法突破眼前的作文問題，越寫越無助，甚至對寫作失去興趣，想直接登出放棄。

每當遇到這樣的狀況，我會提供學生這兩個方法，讓他們從這兩個簡單的步驟著手，方法看似簡單，但是修正之後，卻能為作品帶來嶄新的面貌。

### 方法一　刪掉多餘的代名詞、所有格

多數學生的作文容易使用太多代名詞、所有格，沒有意識到這一點時，

看自己的作文往往會覺得很冗長又不知從何改起，我們來看看下面這個段落：

出門前，我把生日時，我哥哥送給我的深藍色原子筆放進我的鉛筆盒裡，想要帶到我的學校向同學炫耀一番。下課時，當我最信任的好朋友茜茜來找我一起去操場打球，她看著我哥哥送我的筆，滿臉羨慕的表示她也很想要一支。沒想到就在午休時，我發現我的筆不見了，我慌慌忙忙的尋找它，沒想到一轉身發現我的筆正安穩的躺在茜茜的鉛筆盒中，我不敢相信茜茜會偷我的東西，她臉上滿是害怕，不停地推託、指責其他人，把她的責任推得一乾二淨。

短短的一段文字裡面，重複出現的許多代名詞（我、她、它）、所有格（「我」哥哥、「我的」筆、「我哥哥送給我的」、「我哥哥送我的」筆），反覆出現，讓簡單的句意無端變得更加複雜。

其實連續的句子中，如果各句主詞都相同，多數主詞都應該要省略，讓文章更流暢。同時，在這篇文章的語境之下，從頭到尾只有哥哥送給作者的那支筆，即使不多加補充，讀者也不會搞混，因此「我的」筆、「我哥哥送給我的」筆，這些所有格的形容幾乎都可以省略，用「筆」來稱呼它即可。

我也發現，學生很喜歡使用「我」這個所有格來形容人事物，像是：我學校、我爸爸、我媽媽、我妹妹、我朋友……例如：「因為我學校正在放暑假，所以校園空無一人」或是「我爸爸看我對於街舞非常有興趣，幫我報名了街舞課」，其實作文是站在作者的第一人稱來書寫，所以你寫爸爸，那一定是你的爸爸，沒有人會跟你搶啦！若能將多餘的「我」拿掉，改成「因為學校正在放暑假，所以校園空無一人」或是「爸爸看我對於街舞非常有興趣，幫我報名了街舞課」，文句馬上簡潔許多呢！

在刪掉多餘的代名詞、所有格之後，我們來重新看看這個段落：

出門前，我把生日時，~~我~~哥哥送給我的深藍色原子筆放進~~我的~~鉛筆盒裡，想要帶到~~我的~~學校向同學炫耀一番。下課時，當我最信任的好朋友茜茜來找我一起去操場打球，她看著我哥哥送我的筆，滿臉羡慕的表示她也很想要一支。沒想到就在午休時，我發現我的筆不見了，我慌慌忙忙的尋找它，沒想到一轉身發現我的筆正安穩的躺在茜茜的鉛筆盒中，我不敢相信茜茜會偷我的東西，她臉上滿是害怕，不停地推託、指責其他人，把她的責任推得一乾二淨。

你會發現只是這樣小小的更動，句子變得更加俐落了。

## 方法二　打破單一句型

就像我們講話會有習慣的句式一樣，其實人人寫起作文，也會有自己習慣的表達方式，所以當你感覺到自己的文章有些枯燥，沒有新意，很有可能是沒有意識到句型結構太單一了。例如下面這段文字：

大家一邊吃著早餐，托著下巴，帶著黑眼圈，好像沒了魂似的，每天在課業上衝刺如此辛苦，每天回家累癱在床上，好像要暈過去似的，但家長們還要對學生指指點點，好像少了一分人生就要毀了似的。

文字內容滿豐富的，但「好像……似的」的句型十分頻繁，如果可以改掉其中兩組，打破制式的句式，文章會更富變化：

大家一邊吃著早餐，托著下巴，帶著黑眼圈，好像沒了魂似的，每天在課業上衝刺如此辛苦，每天回家累癱在床上，任由暈眩感由四方襲來，但家長們還要對學生指指點點，好像少了一分人生將會萬劫不復。

又比如：

記得當老師告訴大家下周一要穿制服時，我便低聲嘆氣，一想到明天要面臨的窘境，我便開心不起來。當我隔天穿著便服來到教室，大家圍著我問東問西的時候，我便無奈的搖搖頭，告訴他們我的制服無論怎麼找都找不到。

如果將出現三次的「我便……」，改掉其中兩句，打破重複句型，變成：

記得當老師告訴大家下周一要穿制服時，我便低聲嘆氣，一想到明天要面臨的窘境，我的臉上再也擠不出一絲笑容。當我隔天穿著便服來到教室，大家圍著我問東問西的時候，我只有無奈的搖搖頭，告訴他們我的制服無論怎麼找都找不到。

文句是不是就鮮活多了呢？這兩個方法並不困難，但沒有經過提醒，自己往往察覺不到，現在你擁有了這兩項妙招，何不拿起自己的作文，跟著刪改看看呢？

## 文字電影院，今晚上映哪部片？

### 用 Netflix 練習情境描寫

「兩匹馬騰空而起，越過一道山崖。山腳下，兩人策馬跑過山谷、梯田，跑入鄉間，他們穿過河邊的林蔭小徑。水面如鏡，倒映著藍天白雲下，一座圓形的圍樓。門前熱鬧非凡，大紅鞭炮高掛著……」這段文字雖然字數不多卻能描述出生動的場景，它並非出自於哪本文學著作，而是來自動畫《大魚海棠》的口述影像。其中的景色切換，正是為了描述影片裡幾幅跳接的畫面。

究竟什麼是口述影像呢？簡單的說，其實就是把鏡頭呈現的景象，用話語描述出來。

感官經驗的傳遞，也是構成文章的重要元素之一，在教學上運用Netflix的口述影像體會描述情境的方法、概念，是我的獨門妙招。

現今 Netflix 少數的電影或劇集中，開始加入「口述影像」的配音選項，這是一項非常體貼的工作，為視障者的權益而努力。它更是一門很專業的知識，透過口語或是文字的聲音敘述，來取代視覺影像，讓視障者能夠克服生活上的種種不便。

在具有口述影像配音的影片中，口述影像的聲音，會穿梭在無對白的場景之中，或是抓住劇中人物說話的空檔，用聲音補充畫面的重要細節，讓視障者可以與親友一起共享同一部影片。

有了影像細節的補充，更能使視障者融入電影情境。同時文章中加入情境的描寫，會讓敘述文字更加具體，不會只有抽象詞藻的堆砌。

如同這個例子：「進入這恐怖的房間，他隨即感到害怕」這句話因為缺乏具體的描述，所以房間到底是怎樣的恐怖？掛滿骷髏頭？或是牆壁上掛滿蜘蛛網？或者是四周環伺著猛獸？令人害怕的理由是什麼呢？讓人不確定，也難以體會。

同時「進入這恐怖的房間，他隨即感到害怕」也不是一句合格的口述影像描述，對於視障者來說，這句話太模稜兩可了，令人無法進入觀影的情境之中！

你發現了嗎？讀者對於作者筆下所描述的陌生世界，其實正像是視障者在缺乏口述影像輔助的情況下，要看懂一部電影那麼無助。所以具體的情境描寫，更像是一座橋梁，銜接起視障者與電影，讀者與作者的世界。

「進入這聳列著巨大書架，陳列著各樣書籍的藏書所，這恐怖的房間，喚醒了他對於閱讀的恐懼，他的額角隨即滲出汗水，眼神尋找著出口，身體不住的顫抖。」原來恐怖的房間裡面，沒有猛獸跟骷髏，放著的是書呀！而且透過具體的描寫，整個房間的模樣，人物害怕的具體反應，彷彿歷歷在目。

使用「口述影像」學習描寫技巧時，我通常建議學生挑選三分鐘左右的片段，觀賞三次。通常動畫會是一個好選擇，因為畫面鮮明、顏色層次豐富，很適合用於練習！

在第一次選擇一般配音，在觀賞時練習自己為影片配上口述影像，多以具體的詞彙或形容，代替抽象詞彙。像是以「木製的」、「脹紅著臉」、「暗紅色的」、「搖著尾巴」等詞彙，代替「高級的」、「浪漫的」、「鮮豔的」、「好笑的」。

第二次聆聽口述影像的配音，比較你與口述影像之間在用語或形容上的差異，遇見喜歡的詞彙或比喻，更是要加以筆記。

第三次則是選擇一般配音，再練習一次，試著用口述的方式，加上自己的敘述習慣，補充對話之外的情境，便能夠慢慢掌握到相關的技巧。

在寫作中，練習情境的描寫方式時，可以想像成，自己正在敘述這個情境給從來沒有類似體驗的朋友聽。用你的文字，代替他的雙眼，使他如臨現場，經歷著你所感受到的事物與經驗。

如果美麗的草原太抽象，那麼嫩葉翠綠懸著露珠的草原很具體；漂亮的天空太抽象，蔚藍的天空飄過幾朵枕頭般的白雲很具體；刺激的球賽太抽象，球賽最後十秒，本隊主將從場地另一端躍起，進球得分很具體。迷人的微笑太抽象，揚起的嘴角帶動眼角的笑意很具體；他感到傷心很抽象，他努力克制情緒，讓眼眶中打轉的淚水不要滴下來很具體。

就像「他的作文寫得很好」很抽象，但若改成「他能透過文字，帶領讀者走入如真似幻的情境裡」則是更具體的稱讚囉！

# 不是寫不完，就是寫不滿，寫事件怎麼這麼難？

事件這樣寫

不知道正在看這篇文章的你，有沒有使用PPT上台報告的經驗呢？我記得自己國中第一次上台報告，想著要好好表現一番，於是花費兩周準備報告內容，搭配生動的圖片，再加上剪接相關影片，期盼自己可以在十五分鐘之內有最詳盡的呈現。

不過當我眼神堅定，充滿自信的站上講台，才突然發現，近百頁的PPT實在是太多了，在有限的時間內像是被按下快轉鍵，同學老師也全都被迫心跳加速的聽完我的報告。

唉，明明是精心準備的內容，結果怎麼跟想像中有如此差異呢？

直到我發現學生在描寫事件時，有兩個相對的難題——若不是字數寫不滿，就是內容太多寫不完，說起來這跟PPT報告的規畫，有著異曲同工的概念。

上台發表的時間，其實就像是有限的寫作時間，或者是字數。有再多想要鉅細靡遺分享的內容，終究要被時間或字數限制。若是放入過多的PPT，文章寫入太多的內容，則顯得倉促，也無法令聽眾或讀者有喘息、思考的機會。若是內容太少，只能讓人了解大致梗概，很難從心底有所共鳴。

如何考量限制，並且有節奏地完成作文與演講，這都是一種表達的藝術。

我曾看過學生為了講解一次籃球比賽的經驗，從自己童年如何對籃球產生興趣，過程中又是如何加入國小、國中校隊，隊上的隊友組成，幾場重要比賽的比數，到他如何挑選球鞋一路娓娓道來。當這些背景寫完之後，字數早已超出預設，重點的那場球賽為何精采？如何令人難忘？反而只能約略帶到。當他回過神來，早不知從何改起，因為錯誤的比例，幾乎要讓整篇文章刪光重寫了。

我也看過另一位學生要描寫與朋友的爭執，他寫：「有次烹飪課，我被分配到帶炒鍋，爸爸又不借我家裡的鍋子，所以當天我只好臨時請假，因為烹飪課是周五，我以為經過兩天假日可以讓大家忘記這件事，沒想到周一見面大家還是圍著我，抱怨我不負責任。」爭執的原因與過程都寫到了，再也寫不出更多東西來了，於是望著稿紙上的空格興嘆。

籃球比賽的經驗寫了太多瑣碎無關的內容，烹飪課則是敘述太簡略。如果能掌握關鍵，讓事件的描述繁簡恰如其分，便能夠避免上面提到的兩種困境了。

事件之中融入許多不同的情緒，情緒如同波浪一樣高低擺盪，也推動著故事前進。透過掌握事件中的情緒起伏，就是一種書寫事件的訣竅。

## 一 選取

找出事件中最高昂的情緒，與最低落的情緒之處。

例如，籃球比賽的經驗裡，最高昂的情緒，是最後十秒鐘內投入一球，讓比賽以平手收場，教練與夥伴們都欣慰又激動。最低落的情緒則是賽中進行到下半場，比分差距大到看似無可挽回，因而全隊士氣不振。烹飪課最低落的情緒是請假之後的忐忑心情，一方面想要逃避這堂課，一方面也難過自己讓朋友失望。相對的，最後向朋友們誠心道歉換來了諒解，則是情緒最高昂歡快之處。

## 二　增量

各以重點篇幅描寫這兩種情緒中的感受、見聞。

像是籃球比賽最高昂的情緒中「場上的電子鐘進入最後一分鐘的倒數，看著數字不斷移動，標誌著時間的流逝，我與隊友在失望之中依然盡全力的運球與傳球，仰仗著腎上腺素希望不計代價的奮力一搏。進球！時間到！霎那時間彷彿靜止，我看見觀眾臉上的吃驚，對手張大了嘴的錯愕，還有其他同伴不敢置信的表情，我的心臟強勁的鼓動著，我意會到我們成功了。」

烹飪課最低落的情緒則是「我的腦海中出現了同隊成員的叮囑，隊友當時興奮的期待著明天將要製作的滑蛋料理，我則分神想著，整道料理的進行非要使用一口鍋子不可。我只有無奈地搔搔頭，又硬著頭皮接下帶炒鍋的工作，父親問我，若我將炒鍋帶走，那他下午如何炒菜？左右為難的心情，讓我的臉頰脹紅，為了即將到來的衝突而焦躁，不知該向誰傾訴。」

情緒的最高點、最低點，也正等同於ＰＰＴ報告時的重點，挑出重點之後，用最多的時間與篇幅來處理，其餘的次要重點，則將圍繞著它來進行，完全不相關的訊息則可以刪除。以此為準，建立起思考模式，使得內容可以如同心圓一般聚焦，也更能使讀者、聽者接收到你想要傳達的訊息。

# 悲傷疏洪道

## 情緒的收放訣竅

這一天，少年魔法師垂頭喪氣的走在回家的路上，黑色的巫師袍也垂墜在地面，跟著腳步拖曳，失去了平常飛揚的風采。魔法師不斷回憶起剛才的試煉大會上，當他舉起魔杖念出修復咒，要修補一個花瓶的裂痕，沒有拿捏好力道，噹的一聲，卻將瓷花瓶變成了怎麼摔也摔不碎的不鏽鋼花瓶，惹得在場的計分員與學弟妹哈哈大笑，還有一位一百多歲的巫師，笑得假牙都掉出來了。一想到這裡，少年魔法師真希望今天只是一場噩夢啊……

作文課堂上，好幾位少年魔法師們，也正以筆作為魔杖，修習著寫作這項情緒表達的魔法。

「我曾經養過一隻倉鼠，他是我最好的朋友，最喜歡吃葵花子，我喚他小葵，敵不過歲月的摧殘，小葵終究是過世了。望著他僵硬的身體，我泣不成聲，老天爺啊！為什麼命運要這樣的殘忍？為什麼小葵忍心這樣拋下我，讓我獨自留在冷漠的人世間呢？」瑞昇的作文寫起他養的倉鼠，看得出來倉鼠的離世讓他非常悲傷，但是讀者讀來卻難以感受到同樣深切的情懷。

「面對同學的慫恿，我也跟著放下作業，先到操場去玩樂一番，直到被老師責罵，我才發現自己的罪孽深重，我竟然受到了怠惰的蠱惑，放下自己應盡的責任，成為一個墮落的人。」群盛對於自己的批判毫不留情，這樣好像對自己太嚴格了些呀！

「說好了，這輩子永遠不分離，要當對方的好姊妹，雖然畢業之後我們各自將要到不同的學校，但你是我心中最好最好的朋友，我永遠永遠都不會忘記你。」孟卿寫到畢業相關的主題，寫出了好多想跟朋友說的話，我好像窺探了他們的交換日記那樣，感覺有些尷尬。

我親愛的少年魔法師們，擁有著生動的文筆，熟知許多深奧的魔法咒語，但關於情感表達要如何拿捏，卻還有一段練習的路程要經歷呢！

想表達的情感太強烈，下筆用力過猛，讓詞溢於情，反而加深了讀者與題材的距離，令人感受不到筆下想要傳達的悲痛、狂喜、憤怒，或是義憤填膺。

所以當我們意會到，自己對於正在書寫的主題，擁有豐沛的情緒時，正是要特別當心的時候，此時不妨試試以下兩種文學作品常見的方法：

## 1. 以具體事件的描寫為重

挑選具有代表性的具體事件，透過事件來展現人物的互動、關係。像是瑞昇的作品中可以加入與倉鼠的相處片段：「在我熬夜讀書的夜晚，他也奮力的在滾輪上衝刺，像是在告訴我『我陪你』！睡不著的時候，我躡手躡腳得在房裡泡起泡麵，不忘到冰箱幫他拿一片蘋果，兩人一起看著YouTube裡面的綜藝節目，一起品嘗著消夜。現在那閒置的鼠籠，仍然放在我的書桌旁，我依然捨不得將它放進儲物間。」從前的快樂，加上如今的落寞，甚至不用直接描寫失落，都可以感受到瑞昇對倉鼠的不捨。

群盛對於自己的嚴厲批判，也可以用事件替代「面對同學的慫恿，我也跟著放下作業，先到操場去玩樂一番，直到聽到老師的責罵，我只有漲紅著臉，頭重得抬不起來，靜靜站在講台旁接受訓斥，在心底發誓，下一次我絕對不會如此。」情緒的傳遞更加恰如其分，透過畫面的營造，也讓讀者對此更有共鳴。

## 2. 運用反差來描寫情緒

做法有點像是跳脫出當下情境，透過第三者的眼光，來看待正在悲傷，或是開心的自己，製造出一種疏離，或是詼諧的氛圍。

「畢業生進場的時候，我原以為會眼眶泛淚，但我看見小敏制服的扣子錯扣一顆，那歪歪斜斜的領口只能讓我努力憋笑。到底要不要提醒她呢？要不要讓扣子的笑話，破壞離別的情懷？但畢竟我們一起歡笑的時光實在太多，傷感不是我們的風格，今天之後，我有許多機會因為想念她而傷感。」孟卿寫到畢業相關的主題，如果可以像這樣用歡笑來反襯悲傷，就能讓悲傷即使不被清楚的指明出來，也滿溢紙面。

情緒的描寫如此多也如此難，少年魔法師們拿起魔杖，一次次的配合著咒語揮舞著，但相較於他們的焦慮，導師們總是露出和藹的微笑，勸著他們「再遠的路，只要往前走，總有到達的一天」。導師們為何能如此篤定呢？因為所有導師，都曾經是少年魔法師呀！

# 用「某一次」代替「每一次」

提升事例立體程度

「怎麼說呢，總覺得我第二段寫的內容，怎麼看都空空浮浮的。」某位學生在投稿徵文比賽的前一天下午，匆忙帶著草稿來教室找我。

「你的第二段寫了什麼呢？我們來看看。」

那是一篇關於友誼的文章，他在第二段介紹起自己朋友的個性。

「我的好朋友擅長紙黏土創作，能做出各式各樣的作品，相框、人偶、筆筒，甚至是飛機都難不倒他。他的個性也很熱情、樂觀又大方，每次看見同學都會很開心地打招呼。每次我只要精神不好時，他總會做出一些好笑的行為逗我笑。」

文章中舉出了朋友擅長的才藝，也說明了他的個性，但是仍然難以讓人在腦海中留下鮮明的印象，彷彿影片快轉似的，咻一下就一閃而過。

「有沒有發現一件事？當你在形容朋友時，喜歡用『每次』這個詞，這樣的用法只能勾勒出大致情況。」

「這就是讓我覺得空空浮浮的原因嗎？」

「你所謂的空空浮浮，應該是指好像什麼都說了，卻又好像什麼也沒說。要處理這個問題，更凸顯朋友的形象，可以試試看描寫其中幾次事件，或者幾個畫面。」

就像馬奎斯《百年孤寂》開頭那句為人讚嘆的經典：「許多年後，當邦迪亞上校面對行刑槍隊時，他便會想起他父親帶他去找冰塊的那個遙遠的下午。」講的也是無可取代的「那個下午」。而不是寫作：「許多年後，當邦迪亞上校面對行刑槍隊時，他便會想起他父親常常帶他去看一些新奇的事物。」

「每次」意味著大概的輪廓，更像是傳達大綱而不是細節。而每一時每一刻，不可替換人、不再重來的事，往往是最為深刻靈動的。無法再重新來過，只能透過回憶重現，更顯得珍貴。

「那我該怎麼改才好呢？」

「用『某一次』代替『每一次』試試」這便是關鍵的方法了。

「『他的個性也很熱情、樂觀又大方，每次看見同學都會很開心地打招呼。』這句話試著加上『某一次』看看，把畫面稍加描述一下。」

「『他的個性也很熱情、樂觀又大方，每次看見同學都會很開心地打招呼。上次在走廊上遇到他，他露出潔白的牙齒，展現大大的笑臉，揮手跟大家說早安』」

「你看，一加上這個確切的事例，朋友的形象就鮮活起來了！那麼『每次我只要精神不好時，他總會做出一些好笑的行為逗我笑。』這句也試著改為『某一次』試試。」

「改成『上次我因為數學考差了，沮喪的趴在桌上，也是他把我逗笑的。』這樣？」

「他怎麼逗笑你的呢？可以再用兩句話加以描述。」

「『上次我因為數學考差了，沮喪的趴在桌上，他在我耳旁怪腔怪調的跟我說不哭不哭眼淚是珍珠，哭了更像豬，逗得我忍不住笑了起來』」

「這個例子很生動！沒錯沒錯，就是透過這樣的修改，讓人物跟事件更被凸顯！」

另一位學生同樣在描述朋友的善良時這麼寫：「每當他有零食，總會大方的分給我。」這樣的事例只有蒼白的敘述，也像是常見的經驗，但如果寫成某一次的經驗，變成「上次班遊時他得到一把洋芋片，卻沒有自己獨享，而是拿了幾片放在我面前。」也能讓例子看起來更加立體。

「某一次」的描寫，讓我想到日語的「一期一會」，指的是一生只有一次的當下，不會再重來。所以那一刻，更值得珍重，需要費心去感受，去捕捉當下的各種場景、感受。

用「某一次」代替「每一次」也同樣意味著要著重對生活的觀察，從熟悉的事件中看出差異，如每天上學的路徑雖然相同，但路旁的小葉欖仁會隨著四季抽芽、落葉，結伴上學的女同學每天都綁著不同的髮型，天邊的雲朵也時刻變換著。

以雙眼作為相機，拍下每個重要的畫面，在記憶裡保存身邊珍貴的友誼，也記下與親人一起相處的小事件，或是餐桌上每天不同的菜色。靜待適當的時機，透過文筆的描繪，讓這些記憶膠捲重新在文章中顯影、重現。

## 細膩的變化才合情合理

### 處理轉折一步到位

住在淡水的那段日子，我總喜歡到河岸旁的咖啡館二樓去看夕陽。純白色的咖啡館，陽台壁角向內傾斜彷彿是船艙，我總想像自己坐在貨輪上眺望著遠方翻騰的海洋。看著橘色的霞光輕輕的覆上海面，海水的藍逐漸變得深沉，太陽的顏色也從一顆金黃蛋黃逐漸斂藏光芒，成為一顆熟透的橘子緩緩下墜……

大自然從白天與黑夜的交替，從日升到日落的轉換，是緩慢而且瞬息萬變的，並不像我們切換燈光那樣俐落，非黑即白。事件的演變，還有想法的轉換，也是同樣的道理喔！

寫作時，若是忽略了轉折的處理，會讓情節的轉變過於突兀，例如恩祈寫道：

接力棒掉在地上，發出清脆的響聲，這次大隊接力預賽掉棒的陰影，在心頭揮之不去，我又羞愧又難過，因為我的失誤讓全班辛勤練習的心血化為烏有，每每想到就紅了眼眶。下週一再次站上運動場，我心中燃起希望，眼中閃爍著勇氣，彷彿從來不曾失敗過那樣重新練習接棒。

故事讀到這裡，大家一定也跟我一樣，不自覺發出「咦」的聲音，或是不解的問「為什麼？」怎麼本來難過的心情就這樣不藥而癒了，還不留一絲痕跡呢？如果沒有處理其中的轉折，人物的反應不合乎我們的經驗，將會讓作品缺乏說服力。因而恩祈在文章裡應該加以說明，她是如何重拾希望，又是如何重燃勇氣的：

整個六、日我的心頭總是縈繞著憂傷，直到周日傍晚時分在街上慢跑時，隨著路程，我緩緩調整呼吸，晚風吹散了跑步帶來的燠熱，有一段路程，我幾乎什麼也沒有想，那些自我責備的聲音從腦海中消失。我感覺心情逐漸平穩，漸漸湧出喜悅，進而想起運動不也是為了與團隊一起體驗汗水淋漓的快樂嗎？自己這樣對失敗耿耿於懷，真是本末倒置了。

若是能夠加入這樣對於轉折的描寫，在情節的轉換上，會更細膩，後續的轉變才會合情合理。

學生們也經常提問，如果篇幅不夠、來不及，有沒有比較好用的轉折方式呢？這種時候不妨加入「**一位人物的引導**」便能更俐落的處理轉折。上述恩祈的事例，我們也能這樣處理：

> 爸爸得知我為了運動會掉棒而傷神，晚飯後陪著我到中庭散散步，「除了深切的反省，我覺得享受運動的過程也很重要。」爸爸的這段話安慰了我，仔細想想，與其沉浸在自責的情緒之中，不如享受過程，並且將精力放在目標上，試著讓自己更精進。

或者是：

「比完賽，比賽就結束了，重要的是下一場比賽。」收到同學傳來的訊息，這句話讓我獲得力量，她告訴我雖然預賽失誤大家都覺得很可惜，但是他們更擔心我的心情。這些溫暖的安慰，驅散我心裡的冰霜，一次失敗就一蹶不振的我，讓大家擔心了，我得打起精神才是。

透過一位人物的引導，作為情緒轉換的催化劑，甚至是用旁觀者的角度給予一些提點，會讓我們在情節的銜接上更加簡易。

同樣的，批改作文的時候，轉折的處理也會是評分重點之一。有的文章情節生動，可是轉折牽強，甚至是直接忽略了轉折，讓人物們上一秒還在爭吵，下一秒就親密無間；上一秒對某樣事物毫無興趣，下一秒卻全心投入，翻臉比翻書還快，讓人有滿肚子的疑惑。

近期反派角色作為主角的電影十分流行，像是迪士尼翻拍一〇一忠狗裡執著動物皮草的《庫伊拉》，以及詛咒睡美人的《黑魔女》，新作品中補足了她們個性轉折的過程，讓人物性格更加飽滿，而且富有人性，使得觀眾可以理解她們為何成為反派，甚至欽佩她們與命運對抗的過程，因而帶來了不錯的票房。

在觀看電影、戲劇，以及文學作品時，不妨也試著觀察看看這些作品對於轉折的處理，學習編劇與作家們，如何在這些幽微的地方，展現對於人性的理解，讓整部作品穿越虛幻來到真實的世界裡，打動每一位觀眾與讀者的心。

# 真誠的力量最強大

## 揭露情感的書寫技巧

「只要以音樂呈現，一切都會變得非常美好。不論是憎恨、嫉妒、輕蔑，還是何等醜陋、令人厭煩的感情，只要用音樂來呈現，便是藝術。」──小說家恩田陸在《光之國度》裡，透過一位大提琴家之口說出這段話，我深感認同，同時也覺得，若將「音樂」換成「文字」也同樣適用，各樣情感化為文字，都有藝術價值。

托爾金的小說《魔戒》中，被搶奪魔戒的慾望扭曲身心的咕嚕，躲藏在山洞裡伺機偷竊，並除掉所有阻擋他得到魔戒的阻礙，他駝著背脊，險惡的雙眼閃爍著綠色的光芒，絕不是一個討喜的角色。然而他作為一個虛構人物，反映人性面對慾望，最黑暗最醜陋的一面，卻如此的真實，就算討厭也不得不承認，在我們的心中也深藏著這樣的怪物。

當恆瑪寫起因為自己的疏失，沒有及時帶天竺鼠去看獸醫，導致天竺鼠病死時，他在作文裡寫道：「這個死掉的生命跟我有關，我是他最信任的主人，但是他錯信了我，我沒有字詞可以描述那種後悔的感覺」。

芷睿將不被了解的心情坦露在文字裡：「我越想越難過，坐在床邊悲憤的落下眼淚，卻強忍著不願發出任何聲音，因為我並不想讓任何人知道。在這個年齡，自尊心往往被擺在第一位，但她卻無法理解，讓這個問題每天一直重複著。」

博滔面對家人走失這樣說：「第一次感到家人失蹤時多麼緊張與不知所措，我還害怕的想著，會不會永遠見不到他了？身旁的人群好像沒有發生任何事的逛著街，用著冷淡的眼神看著我們，此時，我的心是那麼的無助。」上述這些直抒心境的文字，並沒有使用太多修辭技巧，但描寫心情時的真誠，是如此具有感染力。

「某次在排球校隊練習時，我因為無法承受巨大的壓力，謊稱自己肚子痛躲進保健室，看著老師和朋友們關切的眼神，我的內心又自責又掙扎。」在季薇的筆下，這次逃避的經驗，展現的是她面對壓力時最真實的反應，同時也讓人明白她在面對練習時的疲憊與猶豫。

情緒通常不是突如其來的，只是我們往往忘記了，或說不知道深入去探究其中的癥結。在自己的筆下，你可以大膽的表現各種情緒，學習運用文字來表達感受，有助於自我認識，以及對自己情緒的覺察。

另外一種表現方式，是可以記下內心的自我對話，呈現當下的各種思慮。例如楷筑筆下與朋友爭執之後的心情是「我快要忘記這是第幾次，好朋友擦擦眼淚，露出令人心痛的笑容告訴我『沒關係』，我當初怎麼沒有想到她是那麼的委屈呢？可是就算我能事先知道她的心情，我的決定難道會有所不同嗎？」面對自我的質疑不一定能有答案，那麼不妨把這些困惑，還有思考過程呈現在作品裡。

「究竟應該向老師說出真相，告訴他破壞布告欄的人是誰，或者要將這個祕密藏在心中，對朋友講義氣呢？說或者不說？整個晚上我想著這個問題，輾轉難眠。」、「看著我的惡作劇，害那位同學被全班嘲笑，事情演變的局面已經失去控制，我知道我應該要跟老師承認是我的錯，但我真的有勇氣去承擔這次的錯誤嗎？我用鴕鳥心態一天拖過一天。」上述寫的是不知是否該說出真相的內心掙扎，自問的問句帶出了情緒，更生動的表達了左右為難的心情。

事實上無論有沒有化為文字，我們隨時隨地都在使用語言與自我溝通，語言直接影響了我們對事物的感受，也幫助我們理解人際社會、理解外在，進而溝通、協調、計畫。

如果能夠更精準的描述情緒與感受，我們便能夠好好的面對或者安放情緒，甚至對於他人的情緒也更能夠同理。

就像文學作品中，觸動人的不是人物性格中完美的一面，而是真實的一面。勇敢寫出面對自己性格上的軟弱，或是書寫悲傷情緒中的種種想法，誠實描繪自己的負面情緒，展現人性更加豐富的一面，讓這些想法組合成更立體的自我。

## 就算失敗了，你也是我們的驕傲

### 過程的曲折重於結果

一個回擊，羽球飛往邊線處於界外，戴資穎運動生涯的最後一次亞運，敗給日本好手大堀彩，止步於十六強，她低頭拭淚的場景，讓球迷們也隨之心傷。「對於自己今天的表現感到很失望……也很抱歉辜負了大家的期待。我想我需要克服和解決的難題，在於自己。」當戴資穎在臉書寫下沒能為中華隊拿羽球獎牌的失落，網友留下近萬則留言為她打氣，告訴她不必懷有歉意，她依然是台灣的驕傲。

雖然勝負結果很重要，也關乎國家榮耀以及個人的運動生涯，但觀賽的民眾陪伴她的每一次撲倒，每一次的回擊，每次失敗後的重新站起，這些路途上的曲折，早已讓人知道這一切多麼不容易，看見過程的艱辛與可貴，讓人能對勝敗得失釋然。

回到文學作品之中，過程的曲折一直都是重頭戲，海明威的小說《老人與海》裡，老漁夫與一條大馬林魚的纏鬥過程貫串全書，即便最後老漁夫只帶回魚骨架，昭示著努力的盡頭仍有可能是一場空，漁夫與馬林魚似乎同是輸家，出海彷彿白走一遭，但那些驚心動魄卻歷歷在目，讀者才明白過程的偉大不會因為結果的勝敗有所更改。

關注自己如何被打動，也讓我們知道要如何用文字去打動讀者。根據這樣的思考方向，下面有兩個關於文章過程的描寫方向，相信會對你有些幫助。

## 一 寫出過程中的新發現

廷薇在作文裡寫道，發現自己升上國三之後容易疲倦，晚上回家才七點多，眼皮卻早已重得要闔上，連洗澡也要勉強擠出力氣。她深知這樣的疲累不振，一半是因為壓力，一半是體力太差造成。在父親的建議下，她每天早上早起半小時做一些基礎瑜珈，體力才逐步改善。

上面的敘述只有開頭以及結果，對於過程的敘述太簡略了，如果可以寫出自己是如何逐步發現身體越來越健康，這個故事將會更加生動。經過我的建議，廷薇讓出篇幅來描寫過程：「慢慢的，原先十分鐘的伸展已讓我額心冒汗，喘氣喘個不停，半個月後沒想到發現自己已能默默跟完半小時的課程。蒼白的臉頰變得紅潤，連帶著低迷的心情也比較開朗，身體在告訴我它們喜歡這樣的安排，是我之前太過疏忽，不懂得要這樣照顧自己。」透過發現身體的反饋，寫出自己對於健康的體認，「新發現」的描寫放緩了文章的步調，也透過細節更為文章添加聲色。

## 二　不要簡化成功的過程

我們本是一群沒有任何合場基礎的烏合之眾，多數人跟我一樣只是不想午休，才加入中午的練習，沒想到在音樂老師的訓練之下，我們從發音的練習，努力到學著換氣、咬字，兩個聲部努力練習的結果，是配合得天衣無縫，在市賽中，我們為學校奪得第三名的成績！

上述是立閔的作文裡，關於合唱團練習的經驗，好學的他，拿著作文來詢問我怎麼樣能讓內容更好，我告訴他祕訣便是不要簡化成功的過程。因為成功較少能一步到位，所以「努力↓成功」的流程太過理想了，不妨再從這段回憶裡面，挖掘出一次失敗的經驗，讓流程是「努力↓失敗↓再努力↓成功」，更符合我們的生活經驗。立閔修改後，加入了市賽前的一次關鍵事件：

練習的過程中，新冠疫情同時蔓延，所有人戴口罩辛苦的練唱，只求不被疫情影響，但沒想到比賽竟然因為疫情取消了，難道努力都化為烏有了嗎？隔年同組人馬重新集合，卻要發現另一個狀況——學長姊畢業，合唱團人數不足。但我們來不及失落，因為比賽近在眼前。我們招納新的組員，用認領制度讓一位舊生搭配一位新生練習，彼此的配合下最終站上市賽舞台。

若沒有加入這段過程，我們差點就錯過這最糾結的經歷了。成功前的失敗，讓成功之路的每一步更加清晰，克服困難的過程裡，讀者的心不知不覺被文字牽引，彷彿成為其中的一份子，讓最後的成功更有滋味！

寫出過程中的新發現、不要簡化成功的過程，這兩項彰顯過程的技巧，讓文章更貼近你我的經驗，更容易獲得共鳴與共感。就像前陣子，當戴資穎宣布累積羽球比賽的五百勝，開始為退休作準備時，那些伴她勝敗的球迷，也成為她羽球生涯強力的後盾，對於她退休的決定報以無限的祝福！

輯四

# 這樣體會，用善感的心照亮寫作的路徑

# 我犯錯了，然後呢？

## 不害怕先低頭，客觀面對責任歸屬

像今天這樣晴朗的天氣，舉辦園遊會是再適合不過了。國二三班今年準備了各式手工蔥油餅與紅茶，蔥油餅的香氣傳得很遠，逐漸的，攤位前排起一小條人龍，擺攤的同學們也被點燃了熱情，掛著微笑招呼著來客。

「只有今天才有的，國二三班特製蔥油餅！」

宇誠與冠宏不在攤位上，他們正拿著托盤在人群間推銷。看著一袋袋的蔥油餅被裝入提袋，雙手接過一枚又一枚的零錢，忙碌之中來不及交頭接耳，但他們都不自覺露出滿足的神色。

不到一個小時，他們將所有蔥油餅完售，拿著空托盤回到攤位，接受了同學的歡呼，也從班長手中接過五十元的分潤，冠宏自然又順手的將五十元硬幣放入口袋。

「咦！我的二十五……」宇誠話才到嘴邊，來不及說完只能匆忙拉住冠宏。

「如果沒有我的幫忙，你連一份蔥油餅都賣不掉！」

宇誠想起自己一開始紅著臉，拿著托盤在人群中穿梭，困窘得冒冷汗，是冠宏見了湊上前協助，在他的吆喝聲中，人們的目光開始轉移到噴香四溢的蔥油餅上。

宇誠忙著包裝與找零，手上的托盤也越來越輕盈。

「他這麼說也沒有錯，」宇誠想著，可是在銷售過程中，自己也是紮紮實實地出了一份力，因為感到不服氣，兩人在攤位旁生著對方的氣，差一點就要相互推擠起來。

後來在老師的調解之下，冠宏依規定應與宇誠均分五十元。

宇誠以為事情已經解決了，只聽見「啪」一聲，冠宏板著臉，將五十元重重地擺在桌上，「全都給你好了！」說完跑出攤位。

熱絡的友誼如同被澆上一桶冰水，此後每次見面，兩人在走廊上擦肩而過時，冠宏冷漠的眼神，彷彿他們這幾年的友誼只是夢境而已。

某次列隊至體育館時，恰巧站在冠宏身旁，宇誠小聲地說了聲對不起，「走開！」冠宏簡短嚴厲的話語，讓他臉頰發燙，甚至有些羞愧。

聽見宇誠提到「羞愧」這嚴厲的字眼，我們正討論著他的作文，他在作文上寫道：「因為園遊會時利益分配不均，我與最好的朋友斷交」，再補充上「滿足物質上的私慾，而失去友誼……我常目光短淺，因貪圖小利而釀成大禍」。

「若照著冠宏的提議，讓他獨得所有的分潤，是你期望的結果嗎？」

他想了一下，搖搖頭說：「不太公平，我認為我們同樣都有付出。」

「但又為了這樣的想法感到羞愧嗎？」

宇誠說：「因為友情是比物質更重要的東西呀！我卻執著於那二十五元，因此與他嘔氣，我覺得自己做錯了。」

「我想那是因為二十五元對你來說不是二十五元！而是代表你剛剛說的『公平』，斷交是因為你們對於『公平』有著不同的見解。」宇誠偏著頭想著二十五元的意義。

不過宇誠也鼓起勇氣道歉了。即便這樣的處境對他並不公平，也願意這麼做嗎？我問他。

他說：「對呀，因為不想失去朋友！我總以為先低頭，事情就可以劃下句點。」

「先道歉的人不一定是認為自己錯得較多，也可能是因為更在乎這段關係，才不害怕先低頭吧？」宇誠看起來有些驚訝，又認同地點點頭。

道歉是一件很有勇氣的決定，但「如果不覺得自己全錯，把所有責任都攬在身上聽起來滿辛苦的。」我告訴他。

情誼出現裂痕，令人覺得遺憾，反省及苦思往往是尋找癥結的途徑之一，但也往往忽略了其他的角度，甚至委屈自己了。

談話之後，他想了一陣子，修改了作文，寫下：「即使對方也有錯，但我可以不用生氣，和他好好說。」他的「也」字真細心，更客觀地注視對方當下的反應，但沒有迴避自己的責任，面對回憶帶有自省，也不過分的委曲求全。

身為老師，陪伴過一屆又一屆的學生，我看過太多受挫而苦惱的臉龐，當然也包含了照鏡子時所面對的自己。無論如何避免，我們總是很難把事情一次做對，更別說是做到完美。仔細想來，我們面對錯誤的經驗，比面對成功還多，錯誤像是一本深奧的書，難以一次讀懂，但值得反覆翻讀。

# 等你，像等待一朵花綻放

## 增強自我意識的感知

這幾年，隨著帶領學生們進行作文書寫，擁有更多與學生談話的機會。而無論是閱讀他們的文字，或是聆聽他們的分享，總覺得都像是一種靜態的、深遠的傾聽，像是等待一朵花慢慢地綻放。

一朵花什麼時候會意識到自己是一朵天地間與眾不同的存在，不用借助在群體中扮演任何角色來得到肯定，不用走進任何人的劇本，只要自顧自地綻放就可以了呢？

我的自我意識來得很晚，看似獨立卻經常在生活中感到困惑，最後終於意識到在親情、友情、愛情等各樣情感中，樣貌的原型都是攀附，在擁有時害怕失去；關係走向盡頭時，承擔巨大的痛苦。

那樣模糊的自我，也總要在拉扯的痛覺中，才感覺得到它的存在。也終究要在與他人的對照中，才能認清自己在關係之中有多麼彆扭。

我時常與友人F聊天，在我眼中，她總是不畏懼困難，選擇自己願意被對待的方式，在各樣關係中調整距離。雖然仍然有一些事情能引她心傷，但時間總不會太久，她的軸心穩固，幾經擺盪之後，仍然可以回復平靜與安然。

我記得，她向我說過一個故事，在她小學時，女同學們流行做串珠手環，某次隔壁同學手環斷掉了，周圍的同學們手忙腳亂地趴在地上幫忙尋找，可惜最後仍然有幾顆珠子沒能找回來。女同學後來認定F偷藏了那些最美的串珠，串在自己的手環上。

下午老師隨即介入處理，F將前因後果向老師解釋，老師卻告訴她，若是不直接承認偷了珠子，就要請家長來學校處理了。

F說，她很冷靜的回答「好」。

F的母親來到學校，將她帶到一邊，聽著她描述事發經過。

「你媽媽也很理性，沒有一來就先給你一巴掌，說你讓她丟臉。」我感到非常佩服，一般家長很可能不由分說，氣急敗壞的希望孩子認錯，急著要處理事端。

Ｆ媽媽聽完兩方的說明，冷靜地告訴老師「我女兒的串珠手環，一直繫在手上的，況且彈性繩上面的死結，也沒辦法在沒有工具的狀況下拆開、重串、重綁，這些珠珠真的是她自己的。」

我好奇地問Ｆ：「你哭了嗎？如果被冤枉沒讓你哭，媽媽站在你這邊，總該讓你熱淚盈眶了吧？」

「我不會哭啊，我又沒有做錯事，而且這時候哭了，就沒辦法把話講清楚了！」她理所當然地回答，我覺得真是有道理了，雖然哭了不代表不勇敢，但這些時候不能哭啊，需要有清晰的口齒為自己辯解！

後來那位女孩散落的最後幾顆珠子，真的在地上找到了，而女孩因為這次的誣賴事件，身邊的朋友越來越零落。

Ｆ媽某次接到了女孩母親來電，央求讓Ｆ重新與女孩做朋友，因為這樣一定能使得女孩重獲全班的友誼。Ｆ媽回應對方，她無法為女兒做決定，但她會轉告Ｆ這件事情，只是後續的進展要交由Ｆ來取捨。

「我絕對不會再回頭去欺負她，或是煽動大家一起不理她，但我也不想跟她成為朋友了。」Ｆ這樣回答媽媽。

F就像是從小就開始練習，如何掌握人生的主控權，在很長一段時間裡，我雖然把人生稱為「我的人生」，實際上我只體會到「人生」二字，很難想像什麼叫做「我的」。

她那樣冷靜又理性地面對問題，不讓自己吞下不該吞的委屈。而她的母親，更是支持她作為一個獨立的個體，在她的權限範圍之內，讓她自己做決定、自己承擔責任。

我忍不住想，那個充滿自信又不驕傲的F，是這樣慢慢打磨出來的嗎？她從不在小事上糾結，也不害怕得罪人，卻也沒有如刺蝟般尖銳眉角，更沒有對世界的憤怒，她總是怡然自得。

她只是當成尋常小事那樣告訴我，但我卻習得了許多重要的事。把自己想像成一個獨立的個體果然是重要的，因為成長過程的每一個決定，都是培養信心的轉捩點呢！

精神上的獨立，像是一顆小種子，無法在一夜之間綻放，反而需要不斷地滋養與澆灌，但願我們都能在努力之下，在最好的花季，迎來花朵盛放時的美好。

TIP

覺察到何謂「自我」是一條漫長的路途，寫作有助於自我意識的感知。

在網路潮流與社會的壓力之下，各樣的價值觀讓人的異質性逐漸消失，流於在大眾認同的價值觀之下攀比，經濟、家世、容貌的各樣焦慮，都讓自我的聲音越發微弱，對於成年前的學生們更是如此。

當寫作時，提起筆寫下主詞「我」，學生們開始思考到這個「我」究竟是什麼樣的存在？他們或許會解釋「我」出自於家庭，也依附於團體生活，並且在社會中有自己的位置，但也會隨著思考的逐步深入，發現真正的「我」不只是如此。

「我」有複雜的情緒與感受，打從靈魂裡，就獨立而且獨特，有自己的喜愛與追求的事物，「我」的時間、我的人生，都不同於其他個體。

在眾聲喧譁之中，「我」也是我文章裡的主角，有自知不足的地方，但也有我的驕傲。我認為這是寫作帶給生命最重要的反饋，也是常常用來回答「為什麼要學生學寫作？」的其中一個答案。

# 每個錯誤都值得一場煙火慶祝

## 容錯力也是抗壓力

記得剛開始教授寫作時，某次下課前我向一位國一的學生說道：「等等下課留下來一下，我跟你討論這篇作文喔！」送完多數學生，走回教室，只見他臉色慘白地坐在位子上，「身體不舒服嗎？」我擔心地問，他只是搖搖頭。

講解完他的作文大概十分鐘左右，我們結束了這次的談話。見他本來正收拾著書包，下一秒卻哇的一聲哭出來。

我一時感到不明所以，怎麼了呢？怎麼突然哭了呢？難道是因為課後被留下來嗎？後來才知道，學生真的是因為課後被留下而感到難過。

為此，我費了一番力氣告訴他，被留下來不是因為他的表現特別差，而是有些個別作文問題，在全班面前說既怕耽誤所有人時間，又擔心他難為情，才這麼做的。

留下學生，占用他們一小段時間，只是方便溝通，這並不是一種針對性的處罰，更不是因為他犯了錯呀！

其實，學習與犯錯從來都是密不可分的，但學習的成果令人期待，犯錯的過程卻讓人只想費力掩飾或是逃避，但若不通過「犯錯」作為路徑，則難以到嚮往的成就。

課堂上常常看見學生拿起橡皮擦，或是立可帶，讓寫錯的文句、選錯的選項從紙張上消失。有時候甚至會因為作文上被修改的字句太多，失去了打開它的勇氣，胡亂將紙張塞到書包最底層，希望再也不要看到它，當作從未發生過。

那些寫錯的文句、選錯的選項其實反映出個人固有的思路與習慣，還有盲點。如果能夠思考自己寫錯的原因，好好地對待每次錯誤，其實可以從中找到許多珍貴的提醒。

「你看喔！這是你這次的作文與上次的作文，有沒有發現這些框起來的地方，同樣都出現缺乏轉折連接詞的情況呢？所以下次檢查作文時，別忘了注意這個部分。」我常看學生在一樣的錯誤中打轉，看見他們錯誤中的共同點，但他們自己卻從不知道。

透過歸納，我們更可以發現自己容易犯的錯誤，從中獲得提醒。所以那只是提醒而已，錯誤既不好，其實也不壞，它是一個現象，是一種過程。

「放輕鬆，學到就是賺到，不要讓人生為小事這麼糾結，你考卷寫對很好，寫錯，我們把它學會，不是也很好嗎？」

「這張考卷目前對你最有用的東西就是那些錯誤了，它提醒你要注意的地方，所以發現錯誤，不是很值得開心的事情嗎？」

當車子開錯了路，可以選擇氣急敗壞地抱怨浪費時間，抱怨這個錯誤打攪歡暢的心緒，也可以接受這個狀況，將它視為發現新風景的契機。

同時，容錯力其實也是一種抗壓力，面對事件不如預期的時候，還能留下一些餘力鼓勵自己放開心胸，或者勇敢地拿起畚箕與掃把，收拾爛攤子，這都是不容易的功課，既修煉了心性，也可以從中拓展知識領域。

這樣的選擇需要勇氣，「不要擦掉你錯誤的答案，錯就錯、對就對，在小地方練習勇敢，以後才會更有勇氣為自己做決定！」不要害怕留著錯誤、處理錯誤，我常和學生們說，「不要著急，不要氣餒，但是有問題一定要發問，讓師長知道可以怎麼幫助你。」再遠的路，懂得求助，著手處理、邁出步伐，一定會越來越靠近目標，過程也會值得回味。

### TIP

面對錯誤的心態跟方式，很像運動之前，對於選手們如何預防運動傷害的衛教宣導。

多數學生對於錯誤的想像，與羞恥、責罵、低人一等、讓師長失望相聯繫，使得他們往往不敢嘗試自己較弱或是陌生的領域。因為不嘗試就不會犯錯，因為沒有全心投入，那麼錯也是正常的結果，沒什麼好丟臉的。

許多人甚至會帶著一種「我在該科表現比較弱，該科老師一定特別討厭我」的自卑心在上課，彷彿自己是該堂課的次等公民，不僅回答問題的聲音比蚊子還小，也喜歡垂著頭，或是不斷嘆氣。但其實站在老師的立場，根本不是如此，老師的存在是讓不會的學生學會，讓好的學生更好而已，分數有高下之分，可是學生沒有！

課堂上每年跟學生們聊到這種情況，讓他們不要這樣想，偶爾看到幾個學生眼眶紅紅的，也有人流下眼淚。學生們在學習時的心理狀態，也是非常需要被關照的地方！

# 不要忘記學習一項新事物的感覺

## 挫折是常態而非終點

「站起來！自己站起來看看！」朋友在一旁用話語與眼神鼓勵我，我的雙手在護欄尋找支撐點，即便選了將冰刀抵著地面，但小腿內側的疼痛感一次次襲來，我感覺自己的雙腿既笨重又軟弱。

真希望有人可以拉我一把。此時我有些想哭了，當朋友要我穿著冰刀鞋在冰上站起來，並且為了讓我更快學會，選擇不扶我時，我在心裡抱怨著「我當然知道要站起來呀，但我的腳實在是太痛了」。

腳好痛啊，為什麼在溜冰場裡的每個人，都可以快樂的溜冰呢？他們看起來，腳都不像我這麼痛，難道只有我一個人如此嗎？

這樣無法一笑置之的受挫感，在多活了幾年，和對於工作與生活越來越熟悉之後，我已經很少遇到了。

因而每次遇到對我都是一種提醒：「對呀！這是受挫的心聲。」

那些在教學上對我而言滾瓜爛熟的課程，其實對學生而言是陌生又未知的學習領域。認清這一點，我才能夠為學生們制定更為有效的學習策略，不過，怎麼樣才能夠對他人受困陌生處境的不安，更加感同身受呢？

後來發現，去接觸一樣新事物，是最好的方式。

或許「活到老，學到老」這樣的諺語，除了勉勵人不斷精進外，還有一層深意，就是透過不斷的學習，當你身為一位教導者時，更能捨棄已知者的那種傲慢吧！

這幾年我重拾國小學過的大提琴，從零開始重新學習，往往在從「不懂」到「了解」的過程中，感嘆原來學習是這種感覺，如果沒有被提醒，我幾乎要忘記了：

- 練習新曲子的時候，可以明顯感受到內心的抗拒，練習時我寧願拉熟練流暢的舊曲子，也不想要從零開始去適應一首陌生的曲子，哪怕我知道所有熟悉的曲子都是從生疏開始。

- 雖然我知道拉琴一定會出錯，但我實在不想讓其他人看見我笨拙的樣子，尤其是在我的老師面前。
- 如果我沒有練習，又要為此找藉口，我會非常心虛，雖然我知道老師會包容我。
- 當我知道琴該怎麼樣拉，我卻做不到的時候，我也會懷疑自己是不是特別笨。
- 老師稱讚我的時候，我會很開心。當我表現不好的時候，比起擔心其他人對我失望，最難以承受的是我對自己的失望。
- 休息與練習，我更喜歡前者，我有許多藉口選擇前者，也需要強大的意志力才能選擇後者。
- 面對學習，偶爾我感到充滿自信，相信明天是個新的開始，偶爾我陷入膠著，看不到進展。
- 當我感受到學習的進步，我驚嘆一切如此神奇，甚至好奇大腦是如何運作、消化這些資訊的。
- 有些時候我以為我做不好，但結果反而不錯，反之亦然，我對自己的預設有時候會與實際表現出現落差。

- 我常常想要放棄，許多時候我感謝從前的自己沒有放棄。
- 每當老師告訴我一些技巧，或是精準地指出我的盲點，我會慶幸這比起自己摸索，少繞許多彎路。

各種學習的心路歷程，常常提醒成為老師的自己，我所教學的科別是我的舒適圈，卻是學生們的深水區。

面對陌生事物需要許多勇氣與鼓勵，許多無助的時候不知如何言說；甚至許多充滿成就感的時刻，也不知能與誰分享。

對於學習中的學生們，請不要擔心，學習過程的挫折是誰都會有的，只是每個人遇到的狀況不同，或許他人無法理解你的遭遇，不妨多多表達自己的處境，說出你需要哪些幫助。

同時有些長者特別嚴厲，或是認為學好是理所當然的，或許並非是刻意的刁難，只是時間太久讓他們忘記了學習一項新事物的感覺。

溜完冰之後，我與朋友坐在椅子上一邊喝水，一邊卸去裝備。脫下鞋子一看，我的小腿內側有多處破皮與紅腫。

「咦？怎麼會是這個地方受傷呢？一般來說會是足弓或腳踝疼痛，為什麼你是穿鞋會痛呢？」朋友感到疑惑。

對溜冰一竅不通的我，上網也沒有查到相關資料，隔天腿上的紅腫轉為瘀青，鞋子尺寸既是剛好，為什麼穿上冰鞋走路卻滿腳都是傷呢？這也成了一道未解的謎題了。

當我的朋友要我站起來時，他難以想像我的小腿有多痛。即便是熟知一項技能，但對於他人在學習上受過的傷，也很難完全明瞭的吧！但願所有學習新事物的人，都能夠被溫柔的同理，或者成為那個能溫柔同理他人的人。

TIP

理解學習者的困難，才更能夠去協助他們解決學習上的問題。在讀著這段文字的你如果就是學習者，別忘了你也是自己的老師，要在心裡用這樣的方式鼓勵自己。

幾年前在張輝誠老師的線上演講中，他對來參加講座的老師們談到，課程的僵化其實是教育者對於專業領域太習以為常。他問各位老師「你還記得第一次讀〈背影〉時的感覺嗎？」含蓄的親子之情，彷彿是雙方內心的屏障，但它又確實在父親的付出與孩子的追悔之間展開了交流，甚至感染了讀者，那是我第一次知道世間有一種這樣的情感。

這提醒了我這件重要的事，有時候我走得太遠，而忘記踏出第一步時的困難甚至是感動！

# 千種形容悲傷的新詞，總有一個擊中你

覺察情緒的方法

「為什麼他總是可以寫出有創意的文章？」、「為什麼那些得獎佳作總是這麼好看？」、「為什麼同樣是班遊去糖廠參觀的經驗，我寫起來平淡無奇，她寫來卻是處處都有驚喜？」、「為什麼在我看來如此無聊的作文題目，在他的筆下就充滿新意？」

渴望探究的心一直都是創作者最常見的燃料，而我們自身的情感就是最適合深入研究的對象。寫作過程中，我們總是有許多的疑問，但根據我的經驗，多數的答案其實都已經存在於腦海或生活中，等待著被發現。

當碰到這樣的疑問時，不妨善用這句「為什麼？」但不是向外尋求解答，而是稍將問題轉向，轉變成對自己提問，讓寫作進步的祕訣就在其中！

以下是兩個我常常練習的方法：

## 一　思考面對同樣的事件，為什麼我會有不同的情緒？

假日與朋友約在餐廳吃飯，在伸手夾菜時，不小心碰倒了飲料，衣服沾上了褐色的茶漬。看著大家手忙腳亂的拿起衛生紙、濕紙巾收拾殘局，我的心情像是失速的電梯，一路下墜，覺得今天真是糟透了。又有一次同樣是打翻飲料，到洗手間稍做整理之後，反而跟朋友聊得更加歡快，打翻飲料這件事似乎打破了本來有些尷尬的氣氛。

仔細想想這兩件事的差別，才記起來，第一次打翻飲料之前，正在擔憂著還沒做完的報告，等待組員回覆的電話，許多事情都是在未完成又難以施力的狀態中徒然焦慮，打翻飲料猶如雪上加霜。第二次打翻飲料之前，我因為許多工作剛好到了一個段落，處在休息狀態，連續好幾天睡覺睡滿十小時，許多糾結的心緒也能坦然以對，翻倒飲料成為一件好笑又好玩的事。

如果能夠這樣去觀察自己的狀態，除了可以更進一步了解自己之外，並且知道情緒變化是其來有自，像是面對當下的情境，忽然湧上心頭的沮喪，其實不是小題大作，或許是生活中累積已久的壓力導致，當這些發現化為文字，都將讓作品更加立體。

## 二 更加細膩地描述情感

美國作家約翰．科尼格曾在網上籌辦一場活動，邀請廣大的網友進行各種對悲傷情感的描述，再由他加以總結，並且為這樣的情緒創立一個新的詞彙，最後出版了《模糊的悲傷辭典》（*The Dictionary of Obscure Sorrows*）。

「Flashover」指的是稍縱即逝的信任感，形容人際關係中偶然與他人真摯的談話，讓人在經歷過許多人際上的挫折以後，重新燃起想要信任其他的渴望，但那樣的情感轉瞬又消失了。「Sonder」指突然發現每個人都有自己的故事，像是突然意識到所有與我擦身而過的人，都如同自己一般有豐富而複雜的生活，我並不是世界的主角。「Vemödalenn」是發現自以為特別的事，其實並不特別。拍過的好看照片、吃過的美味餐廳、看過的美景，原來許多人也做了相同的事，自己獨特的經驗好像瞬間失去了光彩。

「Heartworm」指的是現實生活裡早已告終的關係，卻在心裡繼續滋長。

原來悲傷有數千數萬種，悲傷難以計數，憤怒、嫉妒、喜悅等等的情感當然也是如此，跟著敘述一條一條往下看，不但充滿共鳴，也看到許多文學作品的原型。若說寫作是由情感所構築起來的，著實一點也不為過。

我寫過一篇散文，名為〈憂傷堪輿紀〉透過對情緒的覺察，帶出一段跟分離有關的故事。其實題名本身也是透過「堪輿」二字，將憂傷視為地脈、山勢或水流，去研究它的地理風水，這是某一段對於文字的覺察：「某次與家人在餐廳用餐，走至櫃檯結帳時，一陣恐懼感猶如黑布罩上心頭。找尋了許久，直到幾天後才恍然，櫃檯響起的電話聲與剛離職的工作場所相同，鈴響霎時將趕件的壓力，老闆剜刀般的挖苦，一併從心底帶出來，攀親帶故的五感。」在我的創作路途上，寫作也是一種對於自己的意識和情緒不斷探究的歷程。

有意識的去審視情緒，探究原因，除了能夠明白自己的處境之外，也會像是發現寫作的幽徑一樣，途經此道，看見一片新的天地！

# 換上他的鞋，走進他的視角

## 運用同理心拓展書寫深度

「如果把我變成被關在水族館裡的虎鯨，可能我也會對人類抗議吧！」看過許多寫到動物權益的作文，題材及表達大多相似，直到從瑋廷的文句裡，我讀出了不同的滋味，這句話不僅讓這個題材溫暖了起來，更成為全篇的亮點。

去年冬天姪女出生之後，家庭聚會開始多了一位嬌嫩的新成員，穿著鵝黃色的嬰兒裝，安適地睡在手推車裡，如同小天使一般的小小人，肚子餓時使盡力氣的嚎哭竟然可以這麼大聲。也是因為嬰兒隨時需要哺乳，我才發現公共場合有一個合適的哺乳室是多麼重要。哺乳室裡有尿布檯、飲水機，還有幾張舒服的椅子，讓家長稍微緩衝一下情緒，在安心安全的環境裡為嬰兒更換尿布、哺乳或沖泡奶粉。

前陣子有位朋友出了一場車禍，幾個月內需要用輪椅代步，只聽她嘆了口氣，無奈地說：「坐輪椅之後，我才發現很多地方的無障礙設施設計不良，根本是障礙重重啊！」

在沒有穿上他人的鞋子之前，實在難以想像他們走過怎麼樣的路。水族館裡的殺人鯨、帶著新生兒的父母、身障人士……跟我們不一樣的其他生命，過著與我們如此不同的生活。

這些生活經驗的擴充，都能夠讓人察覺到自己生活經驗的有限，在寫作的啟發上也很有意義——提醒人們多運用同理的觀點，站到對方的身邊用同樣的角度來思考問題。

對於同理心的培養，可以透過兩個方法來實踐：

## 一 觀察與蒐集資料

瑋廷查找虎鯨習性時才知道，相比在水生館只看過單隻虎鯨表演，他沒想到虎鯨竟是母系社會的群居生物，所有成員會共同分擔幼鯨的養育工作，需要廣闊無際的海洋供他們覓食與活動。曾有科學家認為他們的智商相當於十五歲青少年，被圈養在窄小的水池裡使他們抑鬱，在海生館裡的虎鯨平均壽命僅約三十到三十五歲，不到野生虎鯨壽命的一半！原來海生館理的虎鯨，要忍受這麼多違背天性的限制，瑋廷驚訝極了。

小時候的我心裡也常有疑惑，便當店的老闆總是在用餐時刻忙著炒菜、招呼客人，他們自己的午、晚餐怎麼辦呢？大學時代到餐廳打工才了解，餐飲業的服務人員需要與一般人錯開用餐時間，從前我若是來不及在午餐前先塞點麵包填飽肚子，往往就要餓著肚子送餐，到午餐時間過後將店內打理乾淨，下午三、四點才能吃午餐了，真是佩服老闆們能年復一年的忍受這樣的飢餓。

透過觀察與蒐集資料，能夠讓我們對於世界的認識更真實、更客觀。看待其他人物或生命時，不會以偏概全，或者只是一味的將動物擬人化，加入自以為是的解讀。

## 二　把自己放在對方的位置去思考

有一次在討論是否支持安樂死的作文裡，我看到亭妘的文字：「重病，最難熬的不是病痛，也不是療程，而是面對家人……家人的強顏歡笑更是一把利刃，時時刻刻刺痛著病人的心，尤其是明知自己已病入膏肓，無力回天之時，他們卻依舊想方設法要治好自己，感動之外是數不盡的自責和悲傷。」

當她將自己設想成躺在床上的病人，從每天的看診、吃藥、換藥、點滴、如廁……慢慢細數，發現病人身邊圍繞著家人的面孔，家人抑制悲傷或是期待的眼神，會不會也是病人最放不下的牽絆呢？由此聯想到病人面對家屬，感動夾雜著自責的心情。

這樣的書寫讓讀到的人，有了「對耶，好像是這樣」的想法，觸及了讀者同理的聯想，那便真的是寫到了深入之處。

此外，我們也可以透過自己的經驗，加以擴充來聯想其他人的感受。近年的夏天越來越高溫，正午行走在陽光下十五分鐘左右，就算做好了防曬措施，還是非常容易中暑，覺得四肢無力、頭昏眼花。這樣的經驗總讓我想到那些在路旁擺攤的小販，或是趕著維修道路的工人，他們在陽光下曝曬的時間這麼長，肯定要忍受更多不適，因此加深了對他們的敬意。

人與人之間的鴻溝永遠無法完全消除，運用同理心的寫作，我們正在盡量消弭彼此的界線，讓筆下的文字更真實，也更有力量。同時一顆願意同理對方的心，同時也是一種認識世界最溫暖的角度。

# 「堅持的理由」也有高下之分嗎？

## 從他律走向自律的寫作概念

「面對老師所立下的嚴苛門檻，我努力的深吸一口氣，將大腿緩緩的抬起，延伸，讓腳尖出力，畫出理想的弧形。學舞的路程上，無論是多麼辛苦，我都要咬牙撐過去，只為了不要成為跳得最爛的那個人，被老師處罰。」

學舞多年的寰律，在舞台上真的像是一顆會發光的星星，我曾經參加過他的舞展，充滿自信的身影與熟練的舞蹈動作，超齡的表現讓人忘卻了他只是一個十三歲的男孩。

平日課堂裡，我們討論起他寫到關於舞蹈的作文。

「練舞如此認真是因為害怕被老師處罰嗎？」我十分好奇。

「對啊，我們老師可是出了名的嚴格，跳得不好就要一直練到好為止。」

「除此之外，還有其他讓你認真練舞的原因嗎？」

「老師也會跟我爸媽告狀，我也會怕被爸媽唸。」

「不過除了怕被罵之外，有沒有其他更為重要的理由讓你堅持到如今呢？」

寰律還偏著頭在思考自己認真練舞的理由，我跟他說起了柯爾伯格的道德發展理論。

柯爾伯格是一位美國心理學家，透過研究兒童心理發展，他認為人類的道德發展有各種階段。

在他的理論中，第一個階段叫做「避罰服從」階段，這個階段中的孩童傾向服從權威、躲避懲罰。當孩童因為做了某件事受懲罰，他就會認為這個行為是錯誤的，懲罰越重，他也就認為這項行為錯得越離譜。

如果因為惡作劇害妹妹受傷，被媽媽罰站，那麼這個孩子便會認為惡作劇害妹妹受傷肯定是件糟糕的壞事，不能再做。「避罰服從」階段總讓我想到許多學生的文章裡面，寫到努力的理由，只是為了不被責罰，這次月考考差了就不能玩手機，所以要認真念書；讀書心得如果沒有完成，就要罰抄課文，所以一定要咬緊牙關寫完它。

逐漸往上發展，第三階段是「尋求認可」。孩童透過取悅他人，獲得認同，以行為會不會受到他人的讚美來判斷對錯。這樣的思考方式，也像是許多學生的文章中「我一定要認真讀書，因為不能讓父母失望」、「這個暑假我每天騎半個小時的腳踏車，希望再減下兩公斤，變得更受同學歡迎」諸如此類的敘述。

以上兩種普遍的想法，思考的重心都在父母或朋友，放在「他人」身上，為了不受「他人」的責罰，為了得到「他人」的歡心所以做出這樣的決定。因為沒有提到自己真正的想法，總給人一種隔靴搔癢的感覺，找不到「作者」跟「選擇」之間更深刻的連結。

「柯爾伯格是怎麼想的呢？」寰律繼續追問。

隨著成長過程中受到教育與啟發，柯爾伯格認為理想的狀態是「普遍倫理原則」，在這個階段裡，既能夠設身處地為他人著想，也能夠發展出自己的價值觀，對於事理有更多自己的思考與想法。

同樣是講述興趣，國二的守軒曾寫過這樣的段落：「我從小就喜歡畫畫，畫畫對我來說是紓解壓力的最好辦法，畫畫可以增強我對空間的敏感度，或是抓構圖比例的準確度……」接著他便開始談起繪畫過程中遇到的兩件難題，第一個難題是他不曉得恐龍的顏色，查找資料之後，發現科學家還原恐龍顏色時會參考爬蟲類與鳥類，或是與恐龍生活在同一種環境的動物顏色，這個領悟讓他在未來替恐龍或是替遠古生物配色更知道該怎麼做。

第二個難題是為南方巨獸龍配色時，因為配錯了顏色，導致色差太大，原本覺得努力白費了，但沒想到後來發現配錯的顏色更適合當底色，從中得到意外的收穫。他寫道繪畫是值得堅持的事「我後來也發現自己滿有毅力，願意花時間在繪畫上」從中更認識了自己的性格與興趣。滿紙寫來都是對繪畫的熱情和從中得到的啟發，透過回顧自己與繪畫的關聯，他能夠更深入的說明喜歡繪畫的理由。

透過柯爾伯格理論的提醒，當寫到自己從事某樣事務的動機時，我們更可以試著將重心轉移到自己身上，從「他律」走向「自律」，找到核心的理由。

「我懂老師的意思了，雖然害怕被家長、老師處罰，是我練舞的理由，但是在這過程中，我也慢慢發現舞蹈對我的重要。」寰律一邊說，我們一邊討論著如何修改這個段落。

「學舞的路程上，無論是多麼辛苦，我都要咬牙撐過去，不只是怕被老師處罰，也因為我想看看自己的極限在哪裡，我喜歡自己站上舞臺那充滿自信的模樣。」修改後的文字，似乎也幫助他將舞蹈對於他的意義，想得更加清楚了。

# 嘿！放輕鬆，人生只是一場實境秀

## 過程比輸贏更重要

美國一個烹飪實境秀《小小廚神》是一個我很喜歡的節目，由地獄主廚戈登．拉姆齊主持，由一群八至十三歲的兒童以團隊競賽、個人競賽的方式切磋廚藝，逐個淘汰直到產生一位冠軍。

觀賞這部實境秀的過程，除了驚嘆這些廚藝勝過成年人許多的孩子們，如何展現烹飪技巧之外，每個孩子如何克服種種難關，展現個人特質也是節目最有亮點的地方。第二季中有個叫做Abby的八歲女孩，在團隊競賽過程中，總是充滿活力的掛著招牌笑容，在廚房裡認真揮動著鍋鏟與攪拌器，與團隊夥伴合作做出各樣甜點與菜餚。

孩子們同時是隊友也是戰友的關係，絲毫不影響她發自內心的喜歡所有人，也關心所有人的情緒，當有人因為比賽失利而感到挫折時，她總是趕忙上前安慰。儘管比賽的氣氛緊張，但有 Abby 在的地方，總是像上了一層歡樂濾鏡，樂觀的個性讓她用笑容面對所有挑戰，即便只能選擇兩樣食材，她的笑容與蹦蹦跳跳的身影都像是在說：「這一切實在是太好玩了！」好像所有的考驗，都只是讓這場比賽更加有趣的催化劑。

第二季有 Abby 在的場景，一決勝負的氛圍彷彿都被扭轉了，取而代之的是練習享受當下的各種情緒。似乎提醒了所有人——過程是無比珍貴的事，千萬不要小看過程喔！

這個連蛋黃酥預購都要比賽速度的社會，充滿各式各樣的競爭，不小心就會落入追求結果的思考模式，忘記了過程才是占比最大的體驗。如同各樣的動畫、動漫，甚至是文學作品，我們能夠預測主角有很大的機率最後會完成旅程，帶回滿滿的收穫，卻忍不住跟隨他們的腳步，關注他們的冒險。

因為結果不就是兩種嗎？成功或失敗！但過程不一樣，性格、成長經歷、家庭、夥伴、自我實現等種種原因，繪製成了每位主角無可取代的路徑，那才是故事真正令人難忘的緣由。

「要記得自己現在的樣子！」當學生們每每因為寫作難以突破，或是課業上有所煩惱來向我訴苦的時候，我總是這樣提醒他們。只要繼續努力，你將會成長，那些痛苦與掙扎，最終會因為你的能力有所突破，所以現在這樣苦惱的自己，有一天也會讓你懷念的。

記得當我國中時，怯生生地加入營隊，看著大家尷尬陌生的彼此問好，默默在心中揣測著對方的個性，小心翼翼的不要碰撞其他人性格上的稜稜角角。我忽然想起了先前的營隊經驗，想起幾天的相處，大夥由生漸熟，沒有哪一次分別不是哭得唏哩嘩啦的，因而慢慢可以安然於那種陌生與不舒適感，在心裡想著「有一天，我會懷念這個時刻」。

國中分班的第一天，我興味盎然的看著所有陌生的同學，心中默想著，我要記下你們每個人的矬樣，幾年之後講給你們聽。想到未來我與這些人將成為熟絡的朋友，不由得更想珍惜現在半生不熟的關係。那種不急著衝向未來，珍惜每一刻狀態的心境，讓我看待事物擁有更寬廣的心胸，無論是悲傷或是快樂，彷彿都只是讓這段旅程更加有趣的催化劑。

某次失戀時，我忘記在哪兒讀到這麼一句話，那句話安慰了我，它說人生是遊樂園，我們總要把各種遊樂設施都玩一次，才值回票價。心碎、狂喜、憂鬱、雀躍、傷感……就像是各種遊樂設施，我都想體驗看看，也會珍惜每一次的感受。

透過重視過程，直面各種感受，讓我們更能體會活在當下的感覺，面對困難也更能用達觀的心態來處理，或者發現其實困難都沒有想像那麼難，才終於明白，源源不絕的寫作材料以及人生的大智慧，就在這些過程之中。

# 最大的小事

## 踏上尋找答案的長旅

什麼事情是你生活中的大事，什麼事情對你而言相對輕微呢？每次陪學生寫到作文題目〈生活中的大事與小事〉總是能夠聽到許多答案。「好成績」、「課業進步」、「衝進班排前五」、「時間管理」台下的同學們拋出許多對於大事的回答，這些大事如同磚頭一樣，重重的壓下權衡的翹翹板，屬於小事的另一邊被彈到了半空中。

這另一半懸於空中，無足輕重的小事，該放上哪些答案呢？在回答的時候，同學們露出猶豫的表情，慢慢的，「遊戲」、「休閒時間」、「休息」、「出去玩」、「家族聚會」等等「小事」還是被拱了出來。

我的大事曾經也是上述的答案，認為自己只要擁有成就，便能成為家人的驕傲，我用盡全力的往前衝刺，甚至犧牲了許多與家人聚會的時間，並且覺得理所應當。我認為自己所能做的，就是在每次的家族聚會請大家吃最好吃的餐廳，過年包出最大的紅包，與大家分享我努力的成果。

直到有一次在飯桌間與父親分享自己得到文學獎的喜訊，他告訴我：「你辛苦了！繼續加油，噢不，不用加油，你只要健康平安就好。」在外頭努力開疆闢土的我，聽到這番話，席間在心裡不斷的咀嚼，隔天早上醒來突然覺得輕鬆許多，原來我不用很棒也沒關係呀！

花了一陣子的時間釐清自己的目標，我才發現，如果家人在我的眼中這麼重要，那我就要把握與他們相處的機會，而不是永遠將他們排到行事曆的最後，我不用等到功成名就再回過頭來陪伴他們，我要現在就珍惜與他們的相處時光。原來我一直以來都本末倒置了，陪伴家人才是我的大事。

五月天有一首歌叫〈最重要的小事〉裡面唱道「我就算壯烈前世／征服滾滾亂世／萬人為我寫詩／而幸福卻是此時／靜靜幫你提著Hello Kitty袋子／這一刻最重要的事／是屬於你最小的事」講的是愛情裡面相處的細節如此彌足珍貴，雖然是小事，卻是重要的事。這首溫暖的歌也引人反思，如今我依然在人生的競技場上衝刺，追尋自己心中的目標，但心頭上的擔子輕了許多，我花了更多時間與家人相處，只要想到家人平安、貓咪健在，我每時每刻都可以得到滿足與幸福。

往往在定義大事與小事時，我們習慣將所謂的大事，視為世俗價值觀裡，足以衡量個人地位的標準，但這裡的大事可以指的是人生中對我們而言最重要的事。

**檢視大事與小事的方法，是將大事與小事對調，重新衡量看看是否成立，實際上透過這樣的方式，也是一種打破固有思考模式的練習。**

筑君原先設定生活中的大事是課業，小事是健康，提到自己了考試熬夜讀書，犧牲健康換來課業成就的經驗。透過對調兩者，將健康視為大事，課業視為小事來思考，她想到更多關於課業與健康的抗衡，寫下了自己因為讓課業的壓力像是一條緊繃的琴弦而難以放鬆，第一次體驗到失眠的痛苦，以及失眠那陣子白天疲憊不堪的經驗，帶出自己對身體健康的體認。透過兩者的對調與重整，大事是健康，小事是課業的取材，不僅有創意，也讓筑君更深入地思考兩者之間的拉鋸，帶出更多自己獨有的故事。

謙碩原先將生活中的大事訂為「課業」，小事則是「友誼」，但在嘗試調轉思考之後，發現事實不全然是如此。他說起自己國三的課業繁重，沒有心思顧及其他事情，與朋友的相處全然停擺，面對朋友邀約他一起散步去上課、一起至福利社逛逛的請求，皆不為所動，但朋友失落的眼神令他難以忘懷，他寫道「我剛才正在看的教科書，上面那經過無數次翻閱而產生的皺摺，如同我失去的友情，永遠也回不去，我感覺自己停留在書本打造的迷宮中，無法找到出去的路。」幾次與朋友的磨合之後，他發現「人與人必須透過相處，才能讓情感更加深厚，這是書中無法學習到的道理。」開始適時放下書本，也練習放鬆，文章尾段甚是動人，他說看見朋友們下課後在走廊上相談甚歡的背影，他毫不猶豫地衝上前，搭上他們的肩膀，加入聊天的行列。

生活中大事與小事的思考像是一次步伐重整，將大事與小事對調之後，才令人驚覺思考模式從來不只有一種。

後記

# 只是希望你知道，在你身上有這樣一件美好的事

當眼前伏案動筆的學生們，用剔透心思在測量著各樣的距離，將心中的困惑，還有想告訴世界的話語，緩慢而專注的一個字一個字寫下來，我好像看著一顆顆從微塵裡融聚的小行星，在核心火花的閃爍之間，模樣越來越清晰。

每當學生告訴我，他們會努力的在寫作競賽上表現，不辜負我的期望。我會很鄭重的回答，期盼他們只為了自己努力就好，真心想做再去做，我只希望能幫助他們夠擁有流暢的表達能力，同時感受寫作的快樂而已。

我想像中的人類，是相互扶持又同時獨立的個體，不該對他人抱有期望，也不該背負著任何期望而存在。對於個人成就的追求，應該是自內心孕育而出的目標。如果說有所期望，我只期望學生們能夠在生命中得到自我的實現，那亦不見得是寫作幫得上忙的事了。

回到課程的場域之中，教學目標應該明確，但指導者的目的導向不能太強，完全沒有的話更好，根據我的經驗，這樣往往更能使學生舒展天賦。寫作教學過程中，我最著重於營造理想的寫作環境，我會與學生談談自己如何從事相關的寫作，讀過哪些書寫方向。當學生裹足不前時，我會聊聊自己曾處理過哪些非常需要勇氣的題材，或拾撿過哪些奇異小事來展現觀點。也告訴他們我看過的作文多了，他們的隱私不會是我茶餘飯後的談資，讓他們知道這裡很安全，可以放心寫。

幾次在課堂上，學生因為排斥寫作或是有心事而煩躁，眼淚掉個不停。我會拿衛生紙到學生身邊，小聲告訴他沒關係，有的時候我們就是會覺得有些事很討厭，累了可以趴下休息，沒有寫作文也可以。

許多人會問我：「如果學生此後寫作課都用哭來逃避呢？」我也曾經擔心過，但神奇的是，這樣的事件從未發生。曾有三個學生在課堂上掉過眼淚，我皆讓他們擁有消化情緒的時光，但此後他們從未再用過一樣的方法開脫，反而像是過了一個坎，寫作時放鬆許多。

人們的底線是自尊，被接納的環境與被尊重的感受，意味著在這個安全的場合中，可以容納寫與不寫，可以容納好情緒與壞情緒。

國小時我有好長一段時間在舞蹈班習舞，一日下課坐在櫃檯與老師聊天，看見學校隔壁班的短髮女生逕直走入，詢問老師是否能賣給她一雙硬鞋。只見他們倆聊了一下，老師便幫她登記了鞋號。

她走了之後，我向老師補充道，那個女生在學校很跩，誰都不理，像個小太妹。況且她沒學過舞蹈，賣給她硬鞋她穿著受傷了怎麼辦？我極力勸阻，不想讓那位平常在學校瞧不起我的女生，也擁有一雙跟我一樣的硬鞋，那可是要學跳舞的人才有的寶貝哪！

老師告訴我，那個女生渴望學跳舞，只是家中經濟難以支持，她好不容易存了一筆錢，希望能買下一雙硬鞋作紀念。這段往事我記到如今，在陪伴學生時常想起，不是所有的孤獨都會化為眼淚，那些學生們調皮的行為或者防衛的表情背後，一定都有各自的故事。能夠陪伴他們一段已是難得，由我開始釋出尊重，往往都能有意想不到的效果，善意會吸引善意讓關係轉變。

我也在課堂上看過幾位令人驚豔的寫作好手，忍不住要誇讚，但總害怕這樣的誇讚會成為枷鎖，甚至掩蓋掉他們比較晚慧，或者發展不那麼好卻更有興趣的其他選擇。因而想著這本書出版了之後，一定要送一本給那些孩子，在扉頁間寫下這樣的句子：「你擁有文字上的天賦，祝福你能快樂的享受這項天賦，祝福你能夠找到自己的興趣所在。擁有寫作天賦不一定要成為創作者，只是希望你知道，在你身上有這樣一件美好的事」。

同樣的，當我流露出對某樣表達方式或寫法的個人偏好，同樣也非常容易影響學生在無形中往那樣的風格靠攏。其實我的喜好一點都不重要，我的任務是幫助學生們將他們自身的優點發揮得更好。因而我也不會對於某位學生流露出憤怒，作為殺雞儆猴的標靶，因為那往往也會帶動其他同學一起討厭他，當權力者對自己擁有的權力未加意識，將會是一種無形而且尖銳的霸凌。

安靜的傾聽與溝通，是我認為最理想的教學場域。身為一位老師，我常常想著這些事，這樣的不安時刻警惕著我。

社會價值變動如此快速，隨著新知識、新領域的誕生，原有的價值觀與知識將不斷受到考驗。當學生問我問題的時候，如果我不知道就會老實說，人們怎麼可能知道所有的事呢？自己不懂得，也沒有自信的部分，甚至思考過程的掙扎我都喜歡說給學生聽，我認為比起結果，過程對他們而言也是重要的訊息。

某次國文課的課堂上，台下一位學生正想要翻開解答抄寫答案。我坐在講台上，特別注意他的動靜，他也覺察到了，始終沒有將答案翻開。我一邊監考，內心感到猶豫，不知道等會該用什麼理由來說服他作弊不好。若說作弊不公平，那也是對其他人不公平，與他何干呢？若說要善良合群才好，但現實生活中，善良合群的人經常吃虧，勢利自私的人反而平步青雲不是嗎？

想了許久，我終於想到一個能夠說服自己的方式，那便是要善待自己珍貴的心，如果心蒙上了灰塵，便難以用清明的視野去看待事物。如果作弊的行為使心緒不舒坦，那就不要做吧！讓自己用舒坦的方式過活才是長久之道。想通之後，我將思考的過程說給學生們聽，如何選擇交給他們自己判斷，但也聲明身為老師的我，為了考試的公平一定會盡力防堵作弊的行為。

這些思考與溝通的過程看似與寫作無關，卻都是師生信任的基礎，也是教學整體中重要的一部分。我始終相信教學者需要不斷地進步與思考，因為我如何看待這個世界，那就便是我能給予學生的全部。

「原來只要找到適合的方式，每個孩子都是潛力股」，這是前天一位家長在看完孩子一篇談論爬山的佳作，向我說的話。在教學過程中，家長們的支持也具有重要的力量，在溝通當中我們暢談著對寫作課的想像，也不忘回到現實，腳踏實地的檢討寫作補教，這門需要迅速見效的行業，溝通教學過程與孩子的反饋，有時候是LINE上的筆談，有時候是在電話裡聊到雙方都紅了眼眶，在這樣善意的互動與溝通中，他們放心的將學生帶進教室，也透過寫作作品，更了解孩子們的情緒與想法。每當收到家長的道謝，我總覺得承擔不起，因為學生的努力才是主體，老師與家長充其量就是在一旁幫著支援，幫著開心！

幾年前，因緣際會來到桃園，開設自己國文作文補習班，一面教學，一面在自己的寫作上繼續打磨用功，逐步習慣北部的生活，只有休假回到台中，我才記起自己是個台中小孩。

回到台中的客廳捧著碗吃飯，一邊吃父親烹煮的菜餚，悠哉的與家人閒聊，說說笑笑的看電視。鄰居旻旻來串門，也常帶著作文作業來問我怎麼寫，寫完作文才能加入與大家一起玩耍的行列，旻旻邊寫邊著急得皺眉。

天氣這麼好，旻旻在煩惱什麼呢？

家人們打趣地跟他說「馨潔姊姊教你啊，姊姊很厲害，不信你問問她在桃園教什麼的？」

旻旻依樣問我，我逗他說「我在桃園教舞蹈！」所有人哈哈大笑。

課堂中帶著學生們一起寫作，看見他們學習用文字表達自己的想法，讓飽脹的心緒透過文字紓解，感覺比從前更加穩定放鬆，為他們開心的同時，也想念台中家裡那一眾鄰居與親戚的小朋友，還有小姪女孜孜。

如果可以有兩全的辦法，真希望也可以陪著他們寫作文，與他們分享寫作的快樂，面對寫作的困擾。抱著這樣的心情，我寫下了這本書，讓文字代我實現願望。

感謝印刻出版社的用心，謝謝敏菁與江姐的陪伴，同時也感謝淇華老師、佳樺老師為本書撰寫的推薦序，實在是太溫暖了！也謝謝育萱老師與蘇董事長的推薦和支持。謝謝我的家人們給予我滿滿的愛，謝謝讀到這裡的你，最後感謝寫作班的學生們，謝謝你們澄澈的心靈與笑容，豐富了我的歲月。

INK PUBLISHING
文學叢書 723

# 從下筆開始——40則突破作文難題新方法

作　　者　張馨潔
總 編 輯　初安民
責任編輯　宋敏菁
美術編輯　陳淑美
校　　對　孫家琦　張馨潔　宋敏菁

發 行 人　張書銘
出　　版　INK 印刻文學生活雜誌出版股份有限公司
新北市中和區建一路249號8樓
電話：02-22281626
傳真：02-22281598
e-mail：ink.book@msa.hinet.net
網　　址　舒讀網www.inksudu.com.tw

法律顧問　巨鼎博達法律事務所
施竣中律師
總 代 理　成陽出版股份有限公司
電話：03-3589000（代表號）
傳真：03-3556521
郵政劃撥　19785090 印刻文學生活雜誌出版股份有限公司
印　　刷　海王印刷事業股份有限公司

港澳總經銷　泛華發行代理有限公司
地　　址　香港新界將軍澳工業邨駿昌街7號2樓
電　　話　852-2798-2220
傳　　真　852-2796-5471
網　　址　www.gccd.com.hk

出版日期　2023年 12 月 初版
ISBN　978-986-387-699-1
定價　300元



國家圖書館出版品預行編目(CIP)資料

從下筆開始—40則突破作文難題新方法／張馨潔 著.
--初版. --新北市中和區：INK印刻文學，2023. 12
面； 14.8 × 21公分. --（文學叢書；723）
ISBN 978-986-387-699-1 (平裝)
1.漢語教學 2. 作文 3.寫作法 4.中等教育
524.313　　112020054

舒讀網